50 EXERCICES pour **PRENDRE LA VIE DU BON CÔTÉ**

Groupe Eyrolles
61, Bd Saint-Germain
75240 Paris Cedex 05

www.editions-eyrolles.com

Émilie Devienne est coach, membre associé de la Société française de coaching. Elle partage son activité entre l'accompagnement individuel, le conseil éditorial et l'animation d'ateliers. Elle a écrit ou dirigé une dizaine d'ouvrages portant sur la vie professionnelle ou la vie familiale.

Avec la collaboration de Fanny Morquin

Émilie Devienne

50 EXERCICES pour PRENDRE LA VIE DU BON CÔTÉ

EYROLLES

Dans la même collection :

Philippe Auriol et Marie-Odile Vervisch,
50 exercices pour apprendre à s'engager.

Philippe Auriol et Marie-Odile Vervisch,
50 exercices pour s'affirmer.

Philippe Auriol et Marie-Odile Vervisch,
50 exercices pour changer de vie

Sophie et Laurence Benatar, *50 exercices de relooking.*

France Brécard, *50 exercices pour savoir dire non.*

Christophe Carré, *50 exercices pour maîtriser
l'art de la manipulation.*

Christophe Carré, *50 exercices pour résoudre les conflits
sans violence.*

Laurie Hawkes, *50 exercices d'estime de soi.*

Bernadette Lamboy, *50 exercices pour être bien dans son corps.*

Laurence Levasseur, *50 exercices pour gérer son stress.*

Laurence Levasseur, *50 exercices pour prendre la parole
en public.*

Laurence Levasseur, *50 exercices pour profiter
du moment présent.*

Paul-Henri Pion, *50 exercices pour lâcher prise.*

Géraldyne Prévot-Gigant, *50 exercices pour développer
son charisme.*

Jacques Regard, *50 exercices pour ne plus subir les autres.*

Jacques Regard, *50 exercices pour ne plus tout remettre
au lendemain.*

Jacques Regard, *50 exercices pour retrouver le bonheur.*

Jean-Philippe Vidal, *50 exercices pour mieux communiquer
avec les autres.*

Sommaire

Introduction

Ce livre vient sans doute de manière un peu subversive vous inviter à prendre la vie du bon côté, alors que la crise est sur toutes les lèvres et la désespérance étalée partout dans la presse.

Commençons par une histoire vraie. Au cours de l'été 2009, je me suis retrouvée confrontée à une succession de contrariétés – c'est un euphémisme – avec, par ordre d'entrée en scène : un souci préoccupant sur l'avion que je devais prendre dans un aéroport en direction de l'Asie, la crise apocalyptique d'une adolescente pleine de promesses, une tentative d'effraction chez moi d'une rare brutalité, la fin de mon disque dur, l'inéluctable agonie de mon chauffe-eau et, bouquet final, un incendie grave. Au terme de cette période estivale agitée, Stéphanie Ricordel me disait : « J'ai pensé à toi pour écrire *50 exercices pour prendre la vie du bon côté.* » Imaginez mon éclat de rire ! Depuis, Ève Sorin et Fanny Morquin ont pris le relais pour cette gymnastique de la bonne humeur qu'elles ont su maintenir avec un sérieux indispensable.

Prendre la vie du bon côté, pourquoi pas ? Mais où est-il, ce fameux bon côté ? Eh bien, vous le découvrirez de page en page, car la réponse vous appartient en propre. Voilà d'ailleurs une première clé : prendre du recul face à ce bonheur obligatoire et formaté que la société exige de vous à cor et à cri. L'enjeu est considérable : il s'agit de vous concocter des solutions sur mesure. De ce fait, celles-ci seront durables et respectueuses de votre personnalité.

Prendre la vie du bon côté ne signifie pas accepter béatement ce qu'elle place sur notre chemin, dans une sorte d'admiration naïve et immature. C'est plutôt porter un regard lucide sur les événements, regard soutenu par une ferme volonté de ne pas se laisser abattre. Certes, cette généreuse ambition est plus facile à écrire qu'à vivre au quotidien, mais c'est justement l'objet de ce livre.

Quel que soit l'exercice que vous choisirez de faire, sachez qu'il n'y a jamais de bonnes et de mauvaises réponses. Vous ne trouverez que des réponses adaptées ou non à votre situation ou à votre état intérieur. Nous ne sommes pas ici dans le jugement, de soi ou d'autrui, mais délibérément dans l'écoute de soi et de son environnement.

Je vous invite à faire ces exercices seul, tranquillement. Cela vous évitera notamment de succomber à la tentation de la « désirabilité sociale », autrement dit de répondre ce que vous pensez que l'on aimerait lire à propos de vous. Plus vous serez sincère, plus efficace sera l'usage de ce livre !

En prenant la vie du bon côté, si je ne peux vous garantir que le bonheur sera au bout du parcours, je peux au moins vous assurer qu'il sera présent tout au long du chemin.

Je terminerais en vous donnant la fin de l'histoire de l'été 2009 :

- à l'aéroport, un avion nous a finalement conduits à bon port ;

- l'adolescente recadrée ne remettait pas en cause notre amour, mais les règles de vie en famille (c'est plutôt bon signe à son âge !) ;

– j'ai eu la preuve qu'une construction peut résister aux malotrus les plus déterminés ;

– je me suis félicitée de faire régulièrement une copie de mon disque dur ;

– j'ai eu la chance de rencontrer un artisan fiable qui a installé un nouveau chauffe-eau et que je peux appeler à tout moment si j'ai d'autres ennuis ;

– l'incendie n'a coûté la vie à personne. La peine éprouvée en voyant nos efforts partir en fumée est réelle, mais cette épreuve nous a montré à quel point la famille était « tricotée serrée [1] ». Cela apporte du baume au cœur...

---

1. Expression que je dois à mes amis québécois.

1

●

Mieux se connaître

Si, pour tout voir en rose, il suffisait de confier sa vie à autrui ou au destin, cela se saurait ! Mieux vaut donc compter sur soi-même...

Vous allez donc commencer par approfondir votre connaissance de vous-même, en faisant un petit tour du côté de votre passé, des faits saillants de votre existence, et en analysant votre rapport aux autres, à l'argent et à la façon dont vous réagissez dans diverses circonstances. À vous de jouer !

Exercice n. 1 • La machine à remonter le temps

Notre histoire représente à la fois une ressource incroyable, car nous retenons de notre passé des valeurs et des souvenirs qui nous rendent forts, et un fardeau parfois, quand notre éducation ou des accidents de la vie ont laissé des traces douloureuses.

Prenez une ou deux minutes pour repenser à votre enfance en fermant les yeux, puis suivez les consignes ci-dessous.

1. Lisez le texte suivant.

« Je me souviens que mon oncle avait une 11 CV immatriculée 7070 RL2.
Je me souviens que j'allais chercher du lait dans un bidon en fer-blanc tout cabossé.
Je me souviens que Stendhal aimait les épinards.
Je me souviens des soldats de plomb, vraiment de plomb, et des soldats en terre.
Je me souviens que Louis Malle a commencé sa carrière en tournant *Le Monde du silence* avec le commandant Cousteau.
Je me souviens quand j'attendais que la cloche sonne la fin de la classe.
Je me souviens quand j'étais louveteau, mais j'ai oublié le nom de ma patrouille[1]. »

2. À la manière de Georges Perec, écrivez sous forme de phrases courtes vos propres souvenirs, souvenirs qui touchent à tout : du cinéma à la famille, de l'école à l'actualité... Vous pouvez, comme dans la sélection ci-dessus, consigner surtout des souvenirs heureux, mais vous pouvez tout aussi bien vous rendre compte que remontent à la surface des épisodes moins souriants. Tout est possible, car la mémoire se nourrit de nos émotions et celles-ci peuvent aller autant vers la joie que vers la tristesse, la peur ou la colère...

---

1. Georges Perec, *Je me souviens*, Hachette Littératures, 1998.

Je me souviens _____

_____

Je me souviens _____

_____

Je me souviens _____

_____

Je me souviens _____

_____

Je me souviens _____

_____

Je me souviens _____

_____

3. Êtes-vous surpris des souvenirs qui sont remontés à la surface le plus spontanément ?

_____

_____

_____

4. Ces réminiscences ont-elles des points communs (un lien avec votre mère par exemple, ou un professeur, ou un sujet d'actualité qui vous aurait marqué ou aurait particulièrement touché votre entourage) ?

_____

_____

_____

Commentaire

Le premier pas pour apprendre à croire en vous ou pour renforcer cette confiance est de faire un tour du côté de vos racines, de vos ancêtres ou des personnes qui ont joué une figure de référence pour vous. Vous saurez ainsi ce qui vous donne de l'assurance et ce qui, au contraire, vous rend vulnérable. Par exemple, une personne se souvenant que son père lui disait : « De toute façon, tu t'en sortiras toujours » aura tendance à croire qu'elle est capable de surmonter les épreuves. À l'inverse, imaginons quelqu'un arrivé en France suite à un conflit dans son propre pays. Cela pourrait construire chez cet individu une sensation de manque et un déracinement qui le fragiliseront.

Exercice n°2 • Identifiez vos motivations !

Le mot « motivation » vous énerve tant il est plus facile à écrire qu'à mettre en œuvre ? Vous n'êtes pas le seul ! Ce terme, antienne du management, insupporte les personnes au moral en berne à qui l'on répète à tour de bras : « Allez, il faut te motiver, un peu ! » La motivation est pourtant tout autre chose qu'un stimulus extérieur plus ou moins artificiel.

*Parcourez la liste ci-dessous en songeant à votre vie
en général, sans mettre l'accent sur ses aspects privés
ou professionnels, puis suivez les consignes.*

1. Cochez dans le tableau ci-dessous vos leviers de motivation et complétez la liste si besoin.

	Levier
Développer mes connaissances	
Rencontrer des gens nouveaux	
Gagner plus d'argent	
Me sentir utile	
Prendre davantage de responsabilités	
Être disponible pour mes proches	
Avoir du temps pour mes hobbies	
Être reconnu	
Mettre à profit ma créativité	
Voyager	
Servir un idéal	
Relever des défis	

2. Maintenant, recopiez dans le tableau ci-dessous vos cinq leviers de motivation principaux en les classant du plus fort au plus faible.

1.
2.
3.
4.
5.

3. Que pourriez-vous mettre en place dans votre quotidien pour « alimenter » davantage vos principaux leviers de motivation ?

_____

_____

_____

_____

_____

Commentaire

La motivation est un mode d'expression de soi et non un diktat que l'on peut nous imposer. Nous ne nous sentons motivés que si nous parvenons à combiner nos valeurs, nos besoins et nos accomplissements. Prenons l'exemple de l'arrêt du tabac. Vous ne cesserez de fumer que si vous vous appuyez sur des raisons bien à vous. Le fait de savoir que la cigarette est nocive pour la santé ou d'entendre les autres vous conseiller d'arrêter ne suffit pas…

Exercice n°3 • Êtes-vous autonome ?

Pour faire un pas de plus dans l'épanouissement de soi, il faut créer les conditions de son autonomie. En effet, c'est par nos choix que nous nous définissons. Ces options et les décisions qu'elles impliquent ne concourent à notre bien-être que si elles partent de nos propres fondements. Ceux-ci font référence à notre éducation, à notre passé, à nos expériences, heureuses ou moins plaisantes.

	Note
1. De toute façon, on n'a pas toujours le choix dans la vie.	
2. Je suis plutôt fourmi que cigale. La prévoyance reste la garantie de ma liberté.	
3. La meilleure façon de s'affirmer, c'est de dire « non » d'abord et de réfléchir ensuite.	
4. Je trouve toujours quelqu'un pour m'avancer de l'argent ou pour payer à ma place.	
5. J'aime déléguer, cela ne m'inquiète pas.	
6. Il suffit d'être au clair avec ses décisions pour les justifier et les mettre en œuvre.	
7. Quand ça ne va plus, que ce soit mes amours ou mon boulot, je pars !	
8. J'ai besoin de tout contrôler pour être rassuré.	
9. Quand je sais ce que les autres pensent de moi vraiment, je suis paralysé.	
10. Bêtise ou pas bêtise, j'assume mes responsabilités et je passe rapidement à autre chose.	
11. J'ai l'impression que je n'arriverai jamais à m'en sortir tout seul.	
12. Je sais adopter les attitudes qui me sont le plus favorables.	

Analyse des réponses

Comptez le nombre de points obtenus pour les phrases 2, 5, 6, 8, 10, 12.

En dessous de 10 points, *vous avez bien fait d'acheter ce livre !*

De 11 à 20 points, vous traversez des phases de doute, mais globalement, vous connaissez des moyens pour aller de l'avant.

Au-dessus de 20 points, vous avez une force de caractère hors du commun.

L'autonomie n'est jamais acquise, elle évolue au cours de la vie et varie d'un domaine à l'autre. Nous pouvons par exemple être autonomes financièrement et très dépendants affectivement. Être autonome le plus souvent et le plus largement possible permet une grande liberté d'action. Nous ne subissons plus notre vie ou les décisions des autres, nous devenons acteurs de notre existence. Bien sûr, il faut toujours tenir compte des desiderata de notre entourage, mais nous composons avec, sans renoncer à qui nous sommes intrinsèquement.

Exercice n° 4 • Face à une situation stressante

On évalue à une sur quatre le nombre de personnes qui se déclarent en situation de stress professionnel élevé. Comme nous le savons tous, le milieu du travail n'est pas le seul responsable de ces états de tension. Pourtant moteur quand il stimule positivement, le stress peut rapidement s'avérer inhibant ou déstabilisant.

De manière générale, comment faites-vous face à une situation stressante ?

A. Vous essayez de voir l'aspect positif de la situation. ☐

B. Vous cherchez des conseils auprès de collègues, d'amis ou de proches. ☐

C. Vous essayez de prendre du recul et d'analyser plus objectivement la situation. ☐

D. Vous cherchez à vous informer sur les diverses solutions possibles. ☐

E. Vous vous défoulez sur certaines personnes quand vous êtes énervé ou abattu. ☐

F. Vous vous occupez à diverses activités pour chasser le problème de votre esprit. ☐

G. Vous prenez des décisions concrètes pour sortir de la situation. ☐

H. Vous décidez de ne pas vous faire de souci, les choses vont sûrement s'arranger d'elles-mêmes. ☐

I. Vous priez pour vous donner de la force. ☐

J. Vous abordez le problème étape par étape. ☐

K. Vous repensez à la façon dont vous avez pu agir dans des situations semblables antérieures. ☐

L. Vous rencontrez des spécialistes (médecin, avocat, prêtre, etc.) pour vous aider. ☐

Analyse des réponses

Reportez vos réponses dans le tableau ci-dessous, puis comptez le nombre de symboles de chaque sorte.

A	B	C	D	E	F	G	H	I	J	K	L
✳	✦	✳	✦	✳	✳	✦	✳	✳	✦	✦	✦

Si vous avez une majorité de ✳, *c'est que vous choisissez de négocier surtout avec vos émotions. Vous n'hésitez pas à les exprimer, parfois peut-être plus vite que votre pensée. Attention à observer une certaine retenue avant d'agir ou de réagir pour tenir compte de votre environnement, des liens qui existent entre vous et les différentes parties prenantes. À l'inverse, faites attention de ne pas pencher vers une suradaptation, au risque de nier la manifestation de vos émotions. Il faut trouver le juste milieu…*

Si vous avez une majorité de ✦, *c'est que vous axez votre réaction sur le problème. Vous avez probablement tendance à tout intellectualiser. Attention à ne pas croire que tout n'arrive que de manière logique par des relations de cause à effet sans subjectivité. Ce serait une erreur qui pourrait vous pousser vers l'entêtement. Mieux vaut faire preuve de flexibilité pour cerner toutes les dimensions de la situation et trouver une solution créative, fédératrice, ou en tous les cas juste.*

Exercice n°5 • Qu'un ami véritable est une douce chose...

Voilà ce qu'écrivait Montaigne au XVIe siècle en célébrant son amitié avec La Boétie. Cinq siècles plus tard, l'assertion vaut toujours, et son défi est identique : cultiver les affinités et s'accommoder des points de divergence, sans pour autant faire comme s'ils n'existaient pas. Commencez par analyser ce que vous entendez par « amitié ».

Répondez aux questions suivantes de la manière la plus spontanée possible.

1. Pensez-vous que l'amitié soit indispensable à la vie ?

_ _

_ _

2. Quand et comment avez-vous découvert l'amitié ?

_ _

_ _

_ _

3. Le mot clé de l'amitié, pour vous, c'est : _ _ _ _ _ _ _ _ _ _ _ _ _ _

4. Vous considérez-vous comme un bon ami ? Pourquoi ?

_____

_____

5. En amitié, que recherchez-vous surtout chez un ami ?

☐ sa générosité   ☐ son écoute   ☐ la différence

☐ son sens de la fête   ☐ ses encouragements   ☐ sa présence

☐ sa disponibilité   ☐ sa neutralité   ☐ sa compréhension

☐ son avis   ☐ le plaisir de partager   ☐ la complicité

6. Un ami se réjouit-il toujours des choses agréables qui nous arrivent ?

☐ Évidemment

☐ Pas toujours, la jalousie existe aussi entre les amis.

7. Deux amis peuvent-ils avoir des secrets l'un pour l'autre ?

☐ Bien sûr que non !

☐ Oui, chacun peut garder son jardin secret.

8. Pensez-vous que l'amitié résiste au temps ? Pourquoi ?

_____

_____

_____

9. Pensez-vous que l'amitié oblige les individus à se montrer tels qu'ils sont ?

_ _

_ _

_ _

Commentaire

Ce que nous entendons par amitié est très personnel. L'amitié est un état fluctuant qui tient aux deux protagonistes et qui évolue avec l'âge et les expériences de la vie. Cependant, elle s'appuie sur quelques fondamentaux, telles la confiance, la durée, la fidélité. Ce lien exigeant et parfois difficile à nouer est révélateur de qui nous sommes.

L'amitié est aussi une formidable source de joie, de bonheur, de plaisir. Il suffit juste d'en prendre soin et pour ce faire, notamment, de cultiver les petites attentions. Un coup de fil même rapide, un SMS, un courriel, un petit présent sans attendre les anniversaires, les fêtes et autres célébrations programmées, et la relation se nourrit d'elle-même.

Exercice n° 6 • Savez-vous lâcher prise ?

S'il est bénéfique de se rebeller par moments, lâcher prise est aussi parfois essentiel. Soyons tout de suite clairs sur le sens de ce concept : « lâcher prise » ne signifie pas « laisser faire » ! Il faut plutôt regarder du côté de la notion de contrôle pour commencer à comprendre ce que tant de fois nous essayons de réussir, en vain.

Pour chacune des situations suivantes, cochez la case correspondant à la réaction la plus probable de votre part.

1. Vous êtes décidé à obtenir ce nouveau poste.

a) Vous faites tout pour passer en force.

b) Vous écoutez votre voix intérieure qui vous dit que ce n'est peut-être pas le bon moment.

2. Vous aimeriez que votre ado respecte toutes les règles de la maison.

a) Vous les répétez encore et toujours jusqu'à ce qu'il s'y conforme.

b) Vous acceptez certains compromis.

3. Vous avez décidé de remporter cette compétition sportive.

a) Vous tenez compte de vos limites et restez prudent.

b) Vous décidez que votre corps et votre mental n'ont plus qu'à bien se tenir.

4. Quand vous avez un choix à faire :

a) vous examinez toutes les facettes de la question.

b) vous suivez votre envie sans nécessairement peser le pour et le contre.

5. On vous dit que vous aimez garder le contrôle. Vous répondez :

a) « C'est faux, je veux juste que tout soit bien organisé. »

b) « Oui, et alors ? »

6. Vous avez invité des amis, ils arrivent très en retard sans avoir prévenu.

a) Vous les attendez, quitte à manger des plats trop cuits. Après tout, ce n'est pas si important...

b) Vous avez commencé trente minutes après l'heure prévue initialement. Vos amis n'auront qu'à prendre le train en marche !

7. Votre meilleur ami ne partage pas du tout votre opinion sur le film que vous venez d'aller voir ensemble.

a) Chacun sa lecture de l'histoire, c'est amusant de voir les différences.

b) Vous bataillez en argumentant pour qu'il se range à votre avis.

8. Votre projet professionnel n'a pas l'air de se concrétiser, et on vous fait une proposition différente.

a) Pas question de renoncer, vous refusez ce que l'on vous propose.

b) Vous allez réfléchir, cela peut être intéressant...

9. Vous venez de subir une grosse contrariété à la maison ou au travail.

a) Vous prenez un moment pour vous remettre de vos émotions avant d'agir.

b) Vous explosez dans une colère noire, rejetant jusqu'à la seule idée d'accepter ce qui vient d'arriver.

10. Quoi que l'on en dise, pour vous, l'idée même de « lâcher prise » renvoie à :

a) une impression de laxisme, de laisser-aller, de mollesse.

b) une preuve d'« intelligence de situation ».

Analyse des réponses

Reportez vos réponses dans le tableau ci-dessous et comptez le nombre de symboles de chaque sorte obtenu.

	1	2	3	4	5	6	7	8	9	10
a	✧	✧	★	★	✧	✧	★	✧	★	✧
b	★	★	✧	✧	★	★	✧	★	✧	★

Si vous avez une majorité de ✶**,** *vous avez probablement tendance à être sinon « têtu », du moins déterminé au point parfois d'être borné (pardon !). Vous gagneriez à pondérer vos décisions, à les remettre en question – au moins temporairement –, ce qui ne veut pas dire y renoncer* ad vitam aeternam.

Si vous avez une majorité de ⬦, vous avez probablement déjà bien compris qu'une lecture attentive des signes et des circonstances entourant vos actions peut contribuer à faire en sorte que tout aille pour le mieux. Vous savez que garder le contrôle tout en acceptant ce que vous ne pouvez pas changer est le premier pas vers une sagesse bien méritée !

Exercice n° 7 • Levez le tabou de l'argent !

« Si l'on peut rester une semaine sans faire l'amour, on ne peut pas passer une journée sans dépenser un euro », a dit avec humour Janine Mossuz-Lavau, directrice de recherche à Sciences Po. Or il se trouve que notre relation à l'argent n'est jamais neutre. Comprendre comment elle se construit dès le plus jeune âge et savoir sur quels leviers agir en tant qu'adulte rend la vie plus simple : sans résignation, chacun peut regarder objectivement sa situation et connaître sa marge de manœuvre pour augmenter sa « surface financière », ou se contenter de ce dont il dispose sans rien changer.

Analysez votre rapport à l'argent en suivant les consignes ci-dessous.

1. Imaginez que, dans une discussion entre amis, quelqu'un vous demande ce qu'est l'argent pour vous. Que répondriez-vous ?

Pour moi, l'argent, c'est : _

_ _

_ _

_____

_____

2. Identifiez la décision que vous pourriez prendre à partir des situations suivantes [1].

Vos revenus augmentent de manière significative et soudaine en raison d'un changement d'emploi, d'un héritage, d'un gain au loto... Que faites-vous ?

☐ J'organise une fête entre amis pour les remercier de tout ce qu'ils sont pour moi depuis tant d'années.

☐ Je consacre 70 % de cette augmentation à des placements sûrs pour me sécuriser et je profite des 30 % restants pour me faire plaisir.

☐ Je paie toutes mes dettes. « Qui paie ses dettes s'enrichit », n'est-ce pas ?

En parcourant les journaux, vous lisez des articles sur des gens fortunés.

☐ Je ne m'identifie pas à eux, je les regarde simplement comme si j'étais au cinéma. Nous ne sommes et ne serons jamais du même monde.

☐ Je pense que nous sommes des milliers de lecteurs à rêver d'être à leur place.

☐ Je me demande comment ils sont parvenus là où ils sont pour faire pareil !

Un souci survient dans votre vie et provoque une dépense imprévue et majeure au regard de votre budget. Comment y faites-vous face ?

☐ Je pioche dans ma cagnotte.

☐ J'emprunte aux amis ou à ma famille.

☐ Je fais des arbitrages dans mes dépenses pour dégager la somme requise.

Commentaire

La réponse à la première question est très différente selon les personnes, ce qui témoigne de la multitude de représentations positives ou négatives qui alimentent notre relation à l'argent. Toutes prennent leur source dans notre passé et se construisent ensuite au fur et à mesure de nos expériences au cours de notre vie adulte.

---

1. Adaptation d'un exercice paru dans *Moi et l'argent* du même auteur (InterEditions, 2008).

L'argent est multidimensionnel : l'argent gagné (rapport travail/ salaire ou honoraires) côtoie l'argent comme mode de vie (et donc, comme jugement de valeur), l'argent comme moyen de substitution (à l'amour, à l'estime de soi…), l'argent comme barème de la morale et de l'éthique, l'argent comme marquage culturel…

Exercice n° 8 • Dans le bon sens

Il vous faut trouver le bon « sens » : la direction dans laquelle vous souhaitez aller et qui vous semble la plus juste. Ce ou ces fils conducteurs vous aideront à vous sentir plus heureux, car vous deviendrez partie prenante de ce qui vous arrive.

Prenez quelques minutes pour repenser à votre vie depuis que vous n'êtes plus un enfant, et suivez les consignes ci-dessous.

1. Écrivez trois faits saillants de votre existence qui vous viennent à l'esprit spontanément.

_____

_____

_____

_____

_____

_____

2. Existe-t-il des points communs entre ces trois événements ?

_____

_____

_____

Commentaire

*Le sens de votre vie apparaît en filigrane dans votre histoire person-
nelle, il fait le lien entre les événements qui ponctuent votre existence.*

*Même vos échecs éclairent le sens de vos projets ou de vos décisions.
Quand une porte se ferme ici, c'est qu'elle s'ouvre largement ailleurs,
n'attendant que vous. Cet « ailleurs » se situe dans un entre-deux
entre vos idéaux et la réalité basique de votre quotidien.*

Exercice n. 9 • Soyez cohérent !

Une bonne façon de voir si la vie que vous menez a du sens à
vos yeux est de vérifier qu'il existe une certaine cohérence entre
vos pensées, votre ressenti et votre comportement.

*Choisissez une situation inconfortable que vous avez
connue ou que vous connaissez actuellement, et
remplissez le schéma qui suit.*

(a)
Ce que vous pensez

(b)
Ce que vous ressentez

(c)
Votre comportement

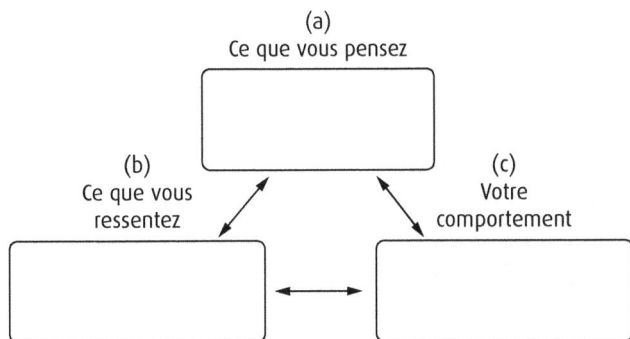

(a) Ma relation avec Paul ne va pas très fort.
(b) De la colère ou de la peine, une accélération de mon rythme cardiaque quand nous devons nous retrouver.
(C) Je fais comme si tout allait bien.

Commentaire

Donner du sens à sa vie permet de mieux écarter les frustrations. En comprenant ses intentions, on sait aussi davantage quel est le sens de son action. Pour méditation sur cette citation d'Albert Einstein :« L'homme qui considère que sa vie est dépourvue de sens non seulement est un homme malheureux, mais, de plus, sa vie n'a aucune saveur. »

Exercice n° 10 • Bla-bla-bla...

Être heureux, être mince, bien manger, peu boire, consommer durable, vivre écologique, briller dans les salons, avoir des doigts de fée, s'exprimer dans la plus parfaite langue de bois... La société actuelle n'a de cesse de nous donner des ordres ou, pour être moins sévère, de « fortes injonctions ».

Mettez-vous dans le contexte de chacune des situations ci-dessous et entourez la réponse qui correspondrait le mieux à votre réaction immédiate.

BLAH BLAH Encore du bavardage pour se donner bonne conscience !

♡ C'est bien vrai !

• • • Il va falloir que j'y pense...

Situation	BLAH BLAH	♡	• • •
Vous entendez une publicité pour des produits alimentaires. À la fin, une voix ajoute qu'il faut éviter de grignoter entre les repas.			
Vous apprenez qu'on ne dit pas « un handicapé », mais « une personne en situation de handicap ».			
Votre fille veut devenir « professeur des écoles ». Eh oui, on ne dit plus « institutrice », comme au bon vieux temps...			
Un porte-parole politique sort d'une réunion et déclare à la presse : « L'acuité des problèmes de la vie quotidienne doit s'intégrer à la finalisation globale d'un processus allant vers plus d'égalité. »			
Une jeune femme manifestement en surcharge pondérale s'assied en face de vous dans le bus. Vous entendez quelqu'un la décrire à voix basse comme une personne « corpulente ».			

Analyse des réponses

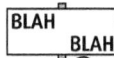

Si vous avez une majorité de 🙂 , *vous devez être du genre à remettre en question tous les discours « politically correct » et à juger insipides les « prêchi-prêcha » ou plutôt, ce que vous interprétez comme tels. Vos choix vous appartiennent, vous n'êtes plus un bébé, un point c'est tout. C'est en vous libérant de l'obéissance inconditionnelle aux diktats des médias et en activant votre libre arbitre que vous pensez devenir acteur de votre vie.*

Si vous avez une majorité de 🙂 , *vous êtes reconnu comme une personne soucieuse d'éviter de blesser autrui par un mot plus haut que l'autre ou une expression qui pourrait être désobligeante. Vous pensez qu'un peu de délicatesse dans ce monde de brutes a toute sa raison d'être. Vous êtes plutôt dans une logique d'authenticité ou de diplomatie.*

Si vous avez une majorité de 🙂 , *vous préférez vous soumettre ou négocier.*

Rebelle à vos heures, vous pouvez aussi choisir la sérénité et le consensus à d'autres moments. D'un côté, vous n'êtes pas prêt à renoncer à vous-même, mais, de l'autre, vous allez dans le sens « il n'y a que les imbéciles qui ne changent pas d'avis ». Pour vous, rien n'est tout blanc ou tout noir. La complexité est inhérente au monde, et cela mérite que l'on réfléchisse avant d'adopter une prise de position et de la défendre.

2

●

Savourer les petits riens

Sans doute avez-vous dû commencer à vous en rendre compte, prendre la vie du bon côté demande du travail ! Vous allez maintenant changer de registre et développer votre capacité à accueillir ces petits plaisirs anodins en apparence, et finalement bien plus généreux et nombreux qu'il n'y paraît...

Conditionnez votre cerveau à voir le bon côté des choses et vous finirez par créer des circonstances qui vous sont plutôt favorables. En vous forçant à modifier vos réflexes pour penser « bien-être mental » plutôt que « bougonnerie », vous gagnerez en assurance et reprendrez du pouvoir sur votre vie.

Exercice n°11 • Liste des petits riens du jour

Nous nous sommes tous dit au moins une fois que nous irions mieux si nous étions comblés. Comblés par qui ? Comblés par quoi ? À chacun sa réponse ! Cependant, si nous attendons des événements majeurs pour éprouver une satisfaction avec un grand S, le temps risque de paraître bien long...

Pour profiter de ce qui fait le sel de la vie, suivez les consignes ci-dessous.

1. Lisez ou relisez ce qui suit...

« Car rien... ce n'est pas rien !

Exemple :

Rien moins rien = moins que rien !

Si l'on peut trouver moins que rien, c'est que rien vaut déjà quelque chose !

On peut acheter quelque chose avec rien !

En le multipliant !

Une fois rien... c'est rien.

Deux fois rien... ce n'est pas beaucoup !

Mais trois fois rien... Pour trois fois rien, on peut déjà acheter quelque chose... et pour pas cher[1] ! »

2. Nous oublions parfois ces petits riens qui, pourtant, colorent joliment notre quotidien. À vous de noter maintenant une liste de « petits riens » survenus dans votre journée.

Une nouvelle pousse sur une plante, un lever de soleil, le sourire d'une amie, l'élégance d'une femme dans la rue, l'appel d'un cousin éloigné, un compliment d'un commerçant, l'aide inattendue d'une collègue...

---

1. Ce texte est extrait du sketch de Raymond Devos, « Parler pour ne rien dire » (R. Devos, *Matière à rire, l'intégrale*, Olivier Orban, 1991).

_____

_____

_____

_____

_____

3. Avez-vous eu du mal à effectuer cette liste ? Auriez-vous remarqué ces petits riens si vous n'aviez pas fait cet exercice ?

_____

_____

_____

_____

Commentaire

Cette liste permet, preuves à l'appui, de se rendre compte qu'il suffit de pas grand-chose pour trouver la vie agréable. Il est intéressant de regarder dans quel « registre » se situent vos petits riens. Avez-vous davantage noté des éléments liés à la nature, des observations liées à votre entourage ou des remarques inhérentes à votre activité ?

Peut-être avez-vous trouvé cet exercice « niais » : on ne peut pas se contenter de si peu ! Ou peut-être allez-vous au contraire l'adopter et le réaliser régulièrement : c'est une bonne prise de conscience ! Plus vous le ferez, plus vous serez attentif à ces petits détails qui font du bien.

Exercice n°12 • Une personne formidable

Certes vous connaissez vos petits travers et vos gros défauts, mais vous auriez tort de ne mettre l'accent que sur eux. Vous êtes aussi une personne formidable ! Si, si, il suffit d'y regarder de plus près...

Choisissez un petit carnet qui vous plaît. Prenez-le avec vous dans votre sac ou dans une poche et utilisez-le pour faire l'exercice ci-dessous.

1. Chaque jour de la semaine, écrivez une raison pour laquelle vous vous êtes apprécié en précisant :

- l'action ou l'événement qui s'est produit ;
- votre réaction ;
- vos pensées ;
- la qualité que cela a dénotée chez vous au moment des faits.

Lundi :

Événement : ma voisine a été désagréable, car mon sac-poubelle lui aurait, semble-t-il, obstrué le passage.

Réaction : je l'ai remerciée d'avoir déplacé mon sac s'il la gênait et j'ai ajouté que je ferai attention la prochaine fois.

Pensée : cette femme est vieille et seule. N'importe quel détail prend des proportions démesurées. Je sais très bien que ma petite poubelle ne bloquait pas le couloir, mais je préfère laisser couler !

Qualité : un brin de légèreté.

2. À la fin de la semaine, relisez vos notes. Présentent-elles des points communs ?

_ _

_ _

3. Avez-vous eu du mal à vous trouver des qualités ?

_ _

_ _

_ _

Commentaire

Il est intéressant d'observer si vous avez plutôt identifié des qualités relationnelles (écoute, tolérance, bienveillance…), organisationnelles (bonne planification, capacité d'adaptation, sens de la délégation…) ou encore intellectuelles (esprit de synthèse, créativité, capacité d'analyse…).

Faites l'expérience régulièrement et vous aurez de la lecture réconfortante pour les moments où vous doutez de vous.

Exercice n°13 • Chassez les *a priori* !

Lors d'un dîner chez des amis ou au cours d'une réunion, il arrive que nous nous disions : « Décidément, cette personne m'agace ! » Cet *a priori* négatif envers quelqu'un peut vous empêcher de faire sa connaissance, alors que vous découvririez peut-être quelqu'un d'intéressant. Essayez de dépasser cette idée toute faite !

Pour chaque personne :

– notez un *a priori* négatif que vous nourrissez à son endroit ;

– transformez-le en ce qui pourrait apparaître, à vos yeux, comme une qualité ;

– notez ce que cette nouvelle vision change pour vous.

Dominique

– Je le trouve arrogant et trop sûr de lui.

– En fait, ce que je prends pour de l'arrogance est peut-être une bonne stratégie, une façon pour lui de cacher sa timidité ou son manque de confiance en lui.

– La prochaine fois que je serai avec lui, j'essaierai de me dire que son air arrogant masque son point faible. Ce n'est pas lui qui est comme ça, c'est lui dans cette situation-là bien précise. Cela me permettra peut-être de le connaître mieux.

1. ● Prénom : _

A priori négatif : _

_ _

Qualité : _

_ _

Changement : _

_ _

2. Prénom : _

A priori négatif : _

_ _

Qualité : _

_ _

Changement : _

_ _

3. Prénom : _

A priori négatif : _

_ _

Qualité : _

_ _

Changement : _

_ _

Commentaire

Sachez que ce qui nous énerve chez quelqu'un nous renvoie, inconsciemment ou non, à une partie de nous-mêmes dont nous ne sommes pas nécessairement fiers... Et inversement, nous aimons chez les autres une partie de nous que nous apprécions.

Faisons l'effort de regarder les autres d'un œil plus tolérant. C'est moins fatigant à vivre et cela peut même être constructif sur le plan relationnel ! Vous découvrirez sûrement avec plaisir des personnes bien plus intéressantes que vous ne l'auriez soupçonné au premier abord.

Exercice n°14 • Partez en exploration !

Nous sommes souvent tentés par des activités que nous n'osons pas pratiquer pour toutes sortes de raisons : le regard des autres, le manque d'argent ou de temps, la peur de ne pas savoir faire, etc. Au lieu de rester sur notre faim, pourquoi ne pas explorer ces activités pour savoir si elles nous plairaient vraiment ?

À un moment où vous avez un peu de temps devant vous, reprenez votre carnet et créez une page « Exploration » pour chaque activité envisagée sur le modèle ci-dessous.

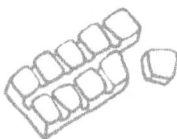

1. Notez :

- l'activité à laquelle vous pensez ;
- ce qui vous freine ;
- la première action que vous pourriez entreprendre pour en savoir plus ;
- la deuxième action que vous pourriez entreprendre pour aller plus loin.

Activité : prendre des cours de guitare.

Frein : j'ai peur d'avoir l'air ridicule.

1re action : aller dans une boutique spécialisée parler à un vendeur, connaître le coût d'un premier instrument, les livres de méthode...

2ᵉ action : contacter un ou deux professeurs particuliers, prendre un ou deux cours, ou voir si je peux commencer tout seul avec un bon support pédagogique.

2. Passez à l'action ! Donnez-vous quinze jours pour entreprendre les deux actions que vous avez notées et respectez ce délai.

3. Après être passé à l'action, évaluez votre envie au regard de cette exploration (sur une échelle de 1 à 10).

Commentaire

Faites la même chose pour toutes les activités que vous rêvez de faire sans jamais tenter quoi que ce soit. Grâce à cet exercice, vous pourrez choisir en toute connaissance de cause de vous lancer vraiment dans une activité si son exploration confirme votre envie de la pratiquer ou de renoncer dans le cas contraire. Vous ne serez plus dans des dispositions velléitaires, qui laissent toujours une impression un peu décevante de soi-même.

Exercice n°15 • Pour une vie agréable

Pas besoin d'avoir gagné le gros lot pour pouvoir, enfin, se rendre la vie agréable ! Comme le dit l'adage, il est même possible – voire fortement recommandé – de « joindre l'utile à l'agréable ». Encore faut-il avoir identifié les activités qui préservent votre équilibre personnel...

Pour chaque proposition du tableau ci–dessous, cochez la case vous correspondant le mieux, puis complétez la liste par des activités qui vous font du bien.

« Je me rends la vie agréable en... »	Jamais	Parfois	Souvent
regardant mon émission favorite à la télé.			
écoutant ma chanson ou mon air de musique favori.			
lisant quelques pages d'un bon livre.			
dégustant une friandise après mon repas.			
discutant tranquillement avec mes enfants.			
prenant un moment dans l'intimité avec la personne que j'aime.			
pratiquant le sport qui me détend.			
rejoignant des personnes qui partagent le même loisir que moi (chorale, théâtre...).			
faisant un loisir créatif (peinture, sculpture, poterie...).			
jouant avec mon chat ou en promenant mon chien.			
voyant mes amis.			
me ménageant des moments seul rien que pour moi.			
préparant mes prochaines vacances longtemps à l'avance.			
méditant.			
pensant au prochain « achat plaisir » que je vais m'offrir.			
jouant de la musique.			
...			
...			

« Je me rends la vie agréable en... »	Jamais	Parfois	Souvent
...			
...			
...			

Commentaire

La vie pourrait se résumer à deux grands principes : éviter la souffrance d'une part et multiplier les occasions d'éprouver du plaisir d'autre part, et ce, grâce à tous les moyens intellectuels, matériels et physiques dont on dispose.

En gardant le sourire et en ponctuant votre emploi du temps d'activités qui vous font du bien, vous relativiserez d'autant mieux les contraintes et autres contrariétés et vous diminuerez votre niveau de stress. Vous deviendrez ainsi le créateur de votre propre bien-être, tant physique que psychique ou émotionnel.

Exercice n°16 • Devenez bénévole !

On dénombre en France plus d'un million d'associations (vie sociale, culture, sports...) et onze millions de personnes, environ, qui s'y activent bénévolement à divers degrés. Expérience valorisante et enrichissante pour les uns, action nécessaire et bienfaitrice pour les autres, dans le bénévolat, tout le monde est gagnant ! Peut-être avez-vous déjà songé à devenir bénévole ?

Pour analyser votre envie, suivez les consignes ci-dessous.

1. Cochez une seule réponse pour chacune des trois hypothèses suivantes.

a) Si je m'engage dans une activité bénévole, c'est pour :

☐ me donner une raison d'être qui me valorise.

☐ porter toujours plus loin mes convictions.

☐ faire circuler la chance en donnant après avoir reçu.

b) Si je m'engage dans une activité bénévole, c'est pour :

☐ être utile.

☐ échapper à la routine métro-boulot-dodo.

☐ rencontrer des gens.

c) Si je m'engage dans une activité bénévole, c'est pour :

☐ joindre l'utile à l'agréable.

☐ m'épanouir.

☐ découvrir un univers que je ne connaissais pas jusque-là.

2. Recopiez les trois réponses que vous avez cochées dans le schéma suivant.

a) Sens : ....

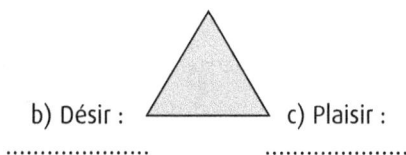

b) Désir :   c) Plaisir :

....

Commentaire

Il est possible de devenir bénévole à tout âge. Pour certains, l'envie survient après qu'un événement personnel les a sensibilisés à une problématique (lutte contre une maladie, défense des animaux...) ;

pour d'autres, le bénévolat entre dans la logique d'une tradition familiale. D'autres enfin y voient une façon de donner un sens à leur vie, de dynamiser leur carrière, ou encore de s'investir davantage dans un univers où ils sont déjà très actifs (par exemple, un sportif qui prend des responsabilités au sein de son club).

Toutes les raisons sont bonnes, pourvu que l'on tienne sa parole et que l'on ne laisse pas tomber les gens qui comptent sur soi. Attention, il ne faut pas considérer le bénévolat comme une sorte de thérapie qui tairait son nom. C'est d'ailleurs pour cela que certains organismes faisant appel à des bénévoles ont mis au point tout un parcours de sélection et de formation, afin que les attentes des uns et des autres soient clairement définies.

Exercice n°17 • La semaine de la bonne humeur

La bonne humeur est communicative. Tout le monde rêve de se réveiller le matin avec un moral à toute épreuve et de vivre aux côtés de personnes, au sein du cercle familial ou professionnel, qui gardent en permanence le sourire aux lèvres. Malheureusement, la « ronchonnite aiguë », dont les occasions de se repaître sont si faciles à trouver, est assez répandue. Pour la contrer, pourquoi ne pas envoyer régulièrement à notre cerveau des messages légers et pleins d'entrain ?

Écrivez votre calendrier de la bonne humeur en notant chaque jour une observation « banale » qui vous a fait sourire ou qui vous a amusé (mot d'enfant, compliment que l'on vous a fait, rencontre improbable, info insolite, etc.).

Jour	Observation J
Lundi	
Mardi	
Mercredi	
Jeudi	
Vendredi	
Samedi	
Dimanche	

Commentaire

Vous pouvez prolonger l'exercice quelques semaines en recopiant ce tableau dans votre petit carnet. En vous entraînant à repérer de bons prétextes pour rire ou sourire, vous soignez votre indice « bonheur », et même votre santé, puisque des études montrent que le système nerveux s'use plus vite chez les personnes grincheuses ou défaitistes.

Ce parti pris pour la gaieté facilite les échanges avec les autres et peut même permettre de passer des messages délicats.

Exercice n°18 • La gymnastique du rire

Notre visage ne comporte pas moins d'une cinquantaine de muscles. En souriant et en riant franchement, nous lui offrons donc une excellente séance de gymnastique peu onéreuse. Même les moins sportifs d'entre nous sauront la lui concéder volontiers !

Choisissez pour chacune des citations suivantes le commentaire qui correspond le mieux à votre pensée.

1. « L'humour renforce notre instinct de survie et sauvegarde notre santé d'esprit. » (Charlie Chaplin)

☐ S'il le dit, ça doit être vrai !

☐ C'est facile quand on est riche et célèbre.

☐ Encore faut-il croire que cet instinct existe.

☐ Il a tout à fait raison.

2. « Du moment qu'on rit des choses, elles ne sont plus dangereuses. » (Raymond Devos)

☐ Il est vrai que le rire et l'humour désamorcent les sujets les plus tabous.

☐ Je n'ai jamais aimé Raymond Devos.

☐ On peut rire de tout, c'est vrai, mais pas avec tout le monde.

☐ Les choses peuvent rester « dangereuses », mais au moins, on prend du recul par rapport à elles.

3. « Si ce sont les meilleurs qui partent les premiers, que penser des éjaculateurs précoces ? » (Pierre Desproges)

☐ Oh, shocking !

☐ Ce n'est pas drôle...

☐ Celle-là, je vais m'en resservir à bon escient.

☐ Il aura vraiment tout osé, cet homme !

4. « Les lois de l'humour sont très sévères : on ne peut pas se moquer des victimes, des noirs, des homos, des musulmans, des juifs, des handicapés... moi je dis : de qui se moque-t-on ? » (Philippe Geluck)

☐ Encore heureux que l'on ne puisse pas se moquer de ces gens !

☐ Ça doit être de l'humour belge...

☐ Je n'aurais su mieux rire.

☐ L'humour ne permet pas tout.

5. « Il y a des choses qui sont tellement sérieuses qu'il faut en rire. » (Niels Bohr[1])

☐ Exactement, l'humour relève d'un devoir moral !

☐ Si même un prix Nobel le dit, alors...

☐ Quelles « choses » ?

☐ Facile à dire !

Commentaire

Développer son sens de l'autodérision permet d'entretenir une relation saine avec soi-même et d'accepter ses forces et ses faiblesses. Avec en prime un brin de bienveillance et du respect, on peut faire de même avec ses congénères.

L'humour désamorce notre mauvais génie intérieur (voir exercice n° 26), qui allait nous dévaloriser à nos propres yeux ou nous faire prendre au tragique ce qui pourrait comporter un soupçon de légèreté. Cela ne fait aucun doute, l'humour a des vertus thérapeutiques[2] !

Exercice n° 19 • Un grand merci !

Tant que nos enfants sont petits, nous n'avons de cesse de les inviter à dire « merci » à chaque fois qu'une personne se montre gentille à leur égard. En vieillissant, les aspérités de la vie nous éloignent parfois de cet usage. Pourtant, outre le fait qu'il relève de la politesse minimale, le remerciement a le grand mérite de nous faire prendre conscience des bons côtés qui prévalent encore – et fort heureusement ! – dans nos relations avec les autres. Au passage, je remercie mes proches, mes amis de leur soutien et de leur présence dans ma vie.

---

1. Physicien et prix Nobel (1922).
2. Voir les travaux de Franck Farrelly sur sa « thérapie provocatrice ».

I. – De mon grand-père Vérus : la bonté coutumière, le calme inaltérable.

II. – De la réputation et du souvenir que laissa mon père : la réserve et la force virile.

III. – De ma mère : la piété, la libéralité, l'habitude de s'abstenir non seulement de mal faire, mais de s'arrêter encore sur une pensée mauvaise. De plus la simplicité du régime de vie, et l'aversion pour le train d'existence que mènent les riches.

XIII. – De Catulus : ne jamais être indifférent aux plaintes d'un ami, même s'il arrive que ce soit sans raison qu'il se plaigne, mais essayer même de rétablir nos relations familières ; souhaiter du fond du cœur du bien à ses maîtres, ainsi que faisaient, comme on le rapporte, Domitius et Athénodote ; avoir pour ses enfants une véritable affection[1].

1. À votre tour, en pensant à vos parents, à vos frères et sœurs, à votre conjoint, à vos amis, à vos enfants, à vos confrères, écrivez votre inventaire personnel sur le modèle ci-dessus.

De mon institutrice, le soin d'une belle écriture ; de mon père, le goût des langues ; de ma femme, le sens de l'organisation ; de mon copain Fred, la force de caractère...

_ _

_ _

_ _

_ _

_ _

1. Marc-Aurèle, *Pensées pour moi-même*, Nathan, 2009.

2. Avez-vous déjà pensé à remercier ces personnes pour ce qu'elles vous ont transmis ? Si ce n'est pas le cas, c'est l'occasion de le faire ! Notez ci-dessous la manière dont vous vous y êtes pris et la réaction de vos proches.

_____

_____

_____

_____

_____

Commentaire

S'il est bon pour chacun d'être reconnu à quelque égard que ce soit, il est bon aussi d'exprimer sa reconnaissance à certaines personnes, à la vie, au destin… Il s'agit de valoriser la gratitude [1], grande composante de la « psychologique positive ».

En disant « merci » à la personne envers qui nous nous sentons redevables, nous rétablissons l'équilibre entre elle et nous. Ce « merci » peut être symbolique ou se matérialiser par une attention ou un cadeau.

Exercice n°20 • La chasse au trésor

Je vous propose maintenant de partir à la chasse au trésor afin de vous constituer un butin précieux en cas d'infortune morale.

Choisissez une jolie pochette qui vous plaît et constituez-vous un petit trésor en suivant les indications ci-dessous.

---

1. Voir les travaux du psychologue Robert Emmons.

Remplissez votre pochette de symboles positifs au fur et à mesure que vous les rencontrez sur votre chemin. Voici quelques suggestions :

– un objet qui est un peu votre mascotte ;

– une image ou une photo que vous prenez plaisir à regarder ;

– une citation qui vous inspire ;

– une phrase qu'une personne vous a dite et qui vous sert régulièrement ;

– un enregistrement d'un air de musique ou les paroles d'une chanson que vous aimez ;

– un souvenir associé à un moment heureux...

Qu'avez-vous mis dans votre pochette ?

_____

_____

_____

_____

_____

_____

_____

Commentaire

Comme vous aurez choisi, en vertu de la consigne, uniquement des éléments associés à des moments agréables, cette pochette aux trésors pourra vous soutenir quand vous aurez besoin d'une petite consolation, ou encore vous rappeler que vous pouvez vous aussi connaître des joies et des instants de bonheur.

Tel un placard d'épicerie bien garni pour les jours de disette, votre pochette vous fournira l'énergie pour passer outre aux contrariétés, aux peurs et aux peines auxquelles vous êtes confronté.

3

•

Affronter les intempéries

Jusqu'à présent, nous avons choisi de partir du bon pied : mieux nous connaître d'abord et découvrir qu'il y a tous les jours de belles surprises à apprécier, pour peu que nous nous en donnions la peine. Seulement voilà : principe de réalité oblige, force est de constater que nous ne vivons pas dans le fabuleux monde de Oui-Oui ! Quand le ciel nous tombe sur la tête, il faut bien admettre que nos beaux principes permettant de voir la vie en rose partent un peu – beaucoup ? – à vau-l'eau. Accepter un changement imposé ou faire face à une situation pénible requiert à la fois de la flexibilité (pour s'adapter) et de la fermeté (pour ne pas renoncer à soi-même).

Exercice n°21 • À chacun sa réalité !

Nous arrivons tous à l'âge adulte avec une culture à la fois collective et individuelle. C'est ainsi que se façonnent les divers prismes au travers desquels nous appréhendons la vie. Nos cadres de référence ne sont pas identiques, et c'est pour cela que parfois, face à un même événement ou à une même description, nous ne parvenons pas à la même déduction que notre voisin et ne décidons pas du même plan d'action.

> Regardez attentivement le dessin ci-dessous[1] et répondez à la question.

Que voyez-vous ?

☐ Une jeune femme de dos.

☐ Une vieille femme, au profil semblable à celui d'une sorcière.

---

1. Il s'agit de l'image dite « de Boring », du nom d'un psychologue américain des années 1930, E. G. Boring, qui a contribué, par ses travaux sur la perception, à la rendre célèbre.

Réponse

Les deux profils existent sur ce dessin. En général, on ne les repère qu'alternativement. Il faut accepter de renoncer à un premier regard pour tenter de revoir le dessin autrement, en examinant l'enchevêtrement des traits, des ombres et des contrastes.

Il est important de travailler à une juste appréciation de la réalité, afin d'agir avec discernement. Nous ne percevons pas LA réalité, mais UNE réalité parmi d'autres, souvent celle qui nous arrange, celle que nous aimons nous raconter. Aussi, quand un ennui survient, commençons par tenter d'apprécier toutes les facettes de l'événement pour élargir notre lecture des faits et essayer d'appréhender le plus justement possible ce que nous comprenons comme la réalité du moment. Nous pourrons alors construire des solutions appropriées.

Exercice n° 22 • Un CRI pour affronter les épreuves

Les contrariétés sont malheureusement plus fréquentes que nous ne le souhaiterions. Lorsque nous n'avons pas les moyens d'envisager la situation autrement, il nous faut surmonter ces petites épreuves, ce qui est toujours plus facile à dire qu'à faire...

Poussez un « cri » ! Choisissez une contrariété survenue dans votre vie, et faites cet exercice structuré en trois étapes.

1. C ▷ Constat

Commencez par faire le constat des aspects négatifs de la situation qui vous affecte. Ne vous voilez pas la face et écrivez tout ce qui vous blesse.

Je n'accepte pas qu'on me jette comme ça après vingt ans dans la même société ! Ce n'est pas tant le mot « chômage » qui m'affecte que l'injustice. Je ne le méritais pas...

_____

_____

_____

_____

2.R ⇨ Recherche

Recherchez, même si cela vous demande un véritable effort, au moins un point positif dans votre situation.

Si je suis plus fourmi que cigale, je peux profiter de mes allocations pour prendre le temps de la réflexion et me ressourcer.

_____

_____

_____

_____

3.I ⇨ Issue

Trouvez une issue favorable à la situation. En quoi pourrait-elle vous être bénéfique ?

Sans cette cassure, jamais je ne me serai avoué que j'en avais plus qu'assez de ce travail. C'est décidé, je remets à plat mon projet professionnel et je me donne toutes les chances de trouver une voie qui me convienne mieux.

_____

_____

_____

_____

Commentaire

L'imprévu et l'incertitude font partie de la vie. Grâce à la démarche en trois temps proposée ci-dessus, il est possible de prendre du recul face à une situation désagréable pour tenter d'identifier une issue favorable.

Les contrariétés mobilisent souvent peine, tristesse et colère. Pour y voir clair de nouveau et prendre de bonnes décisions, le mieux est de commencer par accueillir ces états émotionnels, sans les nier. Vous pourrez ensuite réfléchir plus objectivement à la situation et envisager l'avenir plus sereinement.

Exercice n°23 • Posez-vous des questions simples

Quand nous avons une décision à prendre, il arrive malheureusement que notre cerveau déploie des trésors d'inventivité pour complexifier notre réflexion. Repartir de questions très simples et y répondre peut nous aider alors à savoir ce que nous voulons vraiment.

Repensez à un choix que vous avez à faire et répondez aux questions ci-dessous (en les adaptant à votre situation si besoin).

1. Qu'est-ce que je risque ?

_____

_____

_____

2. Pourquoi suis-je en train d'hésiter ?

_____

_____

_____

3. Qu'est-ce qui dépend de moi dans cette situation ?

_____

_____

_____

4. Comment pourrai-je améliorer la situation ?

_____

_____

_____

5. Quel est l'obstacle qui me freine ?

_____

_____

_____

6. Qu'est-ce qui influence mon jugement ?

_____

_____

_____

7. À quoi vais-je savoir que j'ai réussi ce que je veux faire ?

_____

_____

_____

Commentaire

Sans nier la complexité inhérente à la nature humaine et aux relations entre les hommes, revenir à des considérations basiques peut nous éviter de sombrer dans un abîme de perplexité ! Il ne s'agit pas de devenir simpliste, mais de s'en tenir à l'essentiel. J'observe un phénomène assez comparable dans ma pratique de coach : ce sont les questions en apparence les plus simples qui sont les plus efficaces pour faire avancer la personne coachée !

Exercice n°24 • Soyez imaginatif !

Vous allez me dire qu'avoir de l'imagination ne se décide pas, et qu'il est impossible d'être imaginatif sur commande. Si la créativité n'est pas innée, du moins peut-elle se frayer un chemin en chacun de nous...

1. À propos de cette situation, complétez la phrase ci-dessous.

Situation : À plus de quarante ans, j'ai décidé de changer de vie professionnelle. Or je dois financer une quatrième année de mon parcours de formation, car j'ai raté mes partiels.

Je préférerais encore retourner dans mon ancien job plutôt que de demander de l'argent à mes parents !

Situation : _____

_____

Je préférerais encore _____

_____

plutôt que _____

_____

2. Sollicitez ensuite deux personnes en qui vous avez confiance et demandez-leur de prolonger la phrase précédente en commençant par « si j'étais à ta place... ». Notez leur réponse ci-dessous.

Ami 1 : Si j'étais à ta place, je préférerais encore aller voir le banquier et négocier un prêt plutôt que de renoncer si près du but.

Ami 2 : Si j'étais à ta place, je préférerais encore explorer les possibilités administratives avec mon école et avec mon patron, plutôt que de repartir en arrière.

Si j'étais à ta place, je préférerais encore _____

_____

plutôt que _____

_____

Si j'étais à ta place, je préférerais encore _____

_____

plutôt que _____

_____

Commentaire

Vous disposez désormais de trois options à évaluer. C'est en explorant des solutions que vous pourriez considérer comme extrêmes que vous puiserez des pistes pour « rebondir ». La créativité se loge parfois dans la logique du « tout, plutôt que... ».

C'est la combinaison de la créativité (le champ des possibles) et de l'information (les données factuelles d'évaluation) qui vous permettra de sortir de l'impasse et de progresser.

Exercice n°25 • Pliez sans rompre !

Vous vous souvenez de la fable de La Fontaine, « Le chêne et le roseau » ? Dans cette fable, le roseau, plante pourtant apparemment plus faible que l'arbre vénérable, affirme au chêne : « Les vents me sont moins qu'à vous redoutables. Je plie, et ne romps pas. » Nous sommes des roseaux face aux zones de turbulence que nous traversons tous un jour ou l'autre. Quand un changement s'impose, de gré ou de force, il est pourtant possible de s'adapter tout en restant soi-même.

Pensez à une situation qui vous déplaît, mais à laquelle vous allez devoir vous adapter, et complétez le schéma ci-dessous.

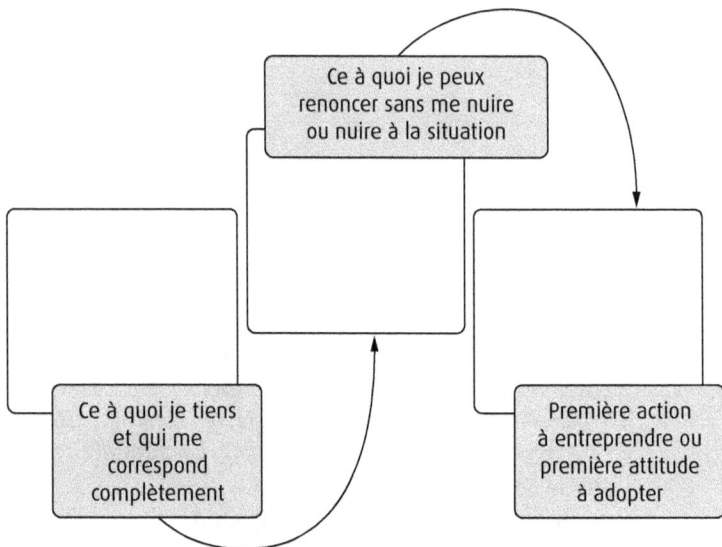

Ce à quoi je peux renoncer sans me nuire ou nuire à la situation

Ce à quoi je tiens et qui me correspond complètement

Première action à entreprendre ou première attitude à adopter

Commentaire

Pour faire face au changement sans rompre, il est important de ne pas renoncer à qui l'on est (premier encadré) et d'accepter de faire des concessions (deuxième encadré). On peut alors adopter, à partir de là, une position juste (troisième encadré).

Acceptez l'idée que le changement n'est pas nécessairement une rupture nette et franche, mais un mouvement, une transition vers autre chose. Prenez-le comme une occasion de saisir de nouvelles opportunités. « Si vous voulez de nouveaux résultats, arrêtez de faire toujours les mêmes choses », disait Albert Einstein. Être dans l'action évite de se sentir impuissant, donc frustré et persuadé que l'on subit sa vie au lieu d'en être l'acteur principal. Le changement n'est pas une fin, mais un moyen !

Exercice n°26 • Apprivoisez votre mauvais génie !

Nous avons tous une facette de notre personnalité qui nous joue des tours et nous affaiblit. Le plus souvent, ce mauvais génie nous sape le moral en nous faisant voir les aspects négatifs d'une situation avant toute chose.

Composez avec votre part d'ombre en suivant les consignes ci-dessous.

1. Tout d'abord, donnez un nom à ce mauvais génie (par exemple, râleur, forte tête, tracassin...).

Radin

_ _

2. Repensez à la dernière fois où il vous a chuchoté quelque chose. Que s'était-il passé ?

J'étais au restaurant avec des amis. Ils avaient choisi un établissement cher, et cela ne me plaisait pas. Pourtant, j'ai les moyens de payer mon addition. J'ai fait bonne figure tout en me rongeant de l'intérieur : Radin s'est manifesté en moi, il prend la parole quand il a peur pour moi.

_ _

_ _

_ _

_ _

_ _

3. La prochaine fois qu'une situation semblable se reproduira, essayez de parler avec votre mauvais génie lorsqu'il prend la parole en vous. Notez ci-dessous ce qui s'est passé. Avez-vous pu « dialoguer » ? Cela a-t-il changé votre façon d'agir ?

À nouveau au restaurant, au lieu de me gâcher une partie de la soirée, j'ai gentiment dit à Radin : « Écoute, je t'entends, je sais que tu es là et que tu veux m'éviter des ennuis comme nous en avons subi quand j'étais jeune. Mais maintenant, objectivement, tu sais que j'ai les moyens de payer cette addition. Alors, pas de panique ! Et puis demain, si ça te rassure, on mangera des pâtes ! »

_____

_____

_____

_____

_____

Commentaire

Même avec la meilleure volonté du monde, il est très difficile de se débarrasser de ces petits partenaires qui ont la vie dure ! D'ailleurs, est-ce vraiment utile ? Nos mauvais génies font partie de notre personnalité et, jusqu'à présent, ils ont sans doute joué un rôle dans notre vie même à notre corps défendant. L'important est de réussir à les dompter, à les apprivoiser, à les amadouer... Ainsi, quand ils décident de prendre la parole, nous pouvons entamer les négociations dans un monologue intérieur.

Exercice n° 27 • Ne vous laissez pas abattre !

Nous venons de voir que des petits malins tapis en nous réussissent, si nous n'y prenons garde, à nous miner. Soyons réalistes : quand ce ne sont pas ces mauvais génies, d'autres (notre chef, notre conjoint, nos copains ou les membres de notre famille) s'en chargent volontiers... Apprenez à rétorquer intérieurement !

Repensez aux critiques que l'on vous a adressées et notez-les dans le tableau ci-dessous en précisant en face le compliment que vous auriez pu vous faire pour compenser.

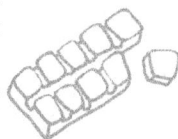

Critique	Compliment

Commentaire

Quand une personne vous envoie une remarque désobligeante en plein visage, difficile de tendre l'autre joue ! Pour éviter de déclencher les hostilités inutilement, il est plus simple de rétablir soi-même l'équilibre. En ce sens, mobiliser ses alliés intérieurs et se faire un compliment du tac au tac est une bonne astuce. Grâce au tableau ci-dessus, vous avez ainsi quelques compliments d'avance pour parer aux prochaines critiques. Après tout, on n'est jamais mieux servi que par soi-même !

Exercice n°28 • Négociez avec les petits agacements !

Le bruit exaspérant de la chips croquée par votre voisin au cinéma au moment d'une scène captivante, la théière avec laquelle on ne peut se verser un bol sans répandre du thé sur toute la nappe, le dentifrice dont le tube n'est jamais refermé après usage... Rien de grave, rien d'important, et pourtant, que c'est agaçant !

Pendant une semaine, remplissez chaque soir le tableau ci-dessous dès que quelque chose vous irrite en le classant dans la bonne ligne, puis suivez les indications.

	Cela me tape sur les nerfs...
... et je ne peux rien y faire !	
... et j'aurais pu l'éviter !	
... et je peux y remédier sur-le-champ !	

Commentaire

Cet exercice a peut-être déjà eu comme première vertu de vous défouler ! Cela soulage d'écrire noir sur blanc ce qui nous a agacés.

Mais allons plus loin, vous avez sûrement constaté que de nombreux petits agacements sont rangés dans les deux dernières lignes. C'est une chance, car cela signifie que vous pouvez arrêter de vous gâcher la vie en trouvant une solution facile à mettre en application. Vous perdez tous les matins de précieuses minutes à chercher vos clés ? Pourquoi, tout simplement, ne pas planter un clou à côté de la porte pour les y poser systématiquement en rentrant ? Cela prend souvent plus d'énergie de pester contre un détail que de changer ses habitudes.

Exercice n°29 • Traquez Calimero !

Même si j'aime beaucoup ce petit poussin de dessin animé qui berça mon enfance, je vous suggère de lutter contre l'attitude qui consiste à se croire toujours l'innocente victime d'une vie décidément trop injuste.

Lisez les phrases ci-dessous et cochez la case « Oui » ou « Non » selon que vous vous reconnaissez dedans ou pas.

	Oui	Non
Je n'ai jamais eu de chance.		
Ce que j'ai, je l'ai obtenu seul, je n'ai jamais pu compter sur personne.		
Rien ne changera jamais.		
Mon père/ma mère disait toujours que je n'étais doué en rien et mauvais en tout.		

	Oui	Non
Un malheur n'arrive jamais seul.		
Quand quelque chose ne marche pas, en général c'est ma faute.		
Quand je me sens bien, une tuile n'est pas loin. C'est trop beau pour durer.		
Ces choses-là n'arrivent qu'à moi !		
Ce n'est même pas la peine d'essayer, cela ne marchera pas.		
J'avais pourtant tout fait pour réussir.		

Analyse des réponses

Comptez le nombre de cases « Oui » cochées. Si vous en avez plus de 5, attention : un Calimero s'exprime en vous, il est temps de le chasser ! Ce n'est pas en vous apitoyant sur votre sort que la situation va s'améliorer. Offrez-vous quelques minutes – voire quelques jours selon l'importance de la déception ou de « l'injustice » – pour une ode à la malchance, mais pas plus !

L'idée n'est pas toujours plaisante à affronter, mais elle est pourtant fondée : les aléas de la vie ne s'abattent pas toujours sur nous comme autant de fatalités. Nous sommes souvent « coresponsables » de ce qui survient. Et quand ce n'est pas le cas, nous sommes responsables au moins de la manière dont nous réagissons. Cessez de vous voir comme le vilain petit canard de la couvée et vous ne serez plus regardé comme tel ! La chance se travaille…

Exercice n° 30 • Halte à la culpabilité !

Les occasions de se sentir coupable ne manquent pas. Il suffit d'avoir prononcé une phrase malheureuse à l'adresse de quelqu'un ou de s'être mal comporté pour avoir mauvaise conscience. Seulement voilà, la culpabilité ne sert à rien...

Repensez aux dernières fois où vous vous êtes senti coupable et remplissez les deux schémas ci-dessous en suivant les indications fournies.

1er schéma

Sous « Le constat », écrivez une phrase (que vous avez dite ou qui vous était adressée) qui a provoqué en vous un sentiment de culpabilité. Ce peut aussi être une action dont vous avez été un témoin silencieux ou le maître d'œuvre.

Ma fille m'a lancé : « De toute façon, tu n'as jamais été là quand j'avais besoin de toi ! »

Sous « Votre ressenti », notez ce que cela vous a fait.

Je me suis dit que j'aurais mieux fait d'arrêter de travailler, pour ce que cela m'a fait gagner !

Sous « Votre interprétation », notez ce que vous comprenez de votre réaction.

Quand je pense de la sorte, j'ai l'impression que c'est ma propre mère qui parle à travers moi !

Sous « Vous », notez ce qui se passe en vous ou ce que vous faites à la suite des étapes précédentes.

Je me sens mal pendant des jours et je ne sais plus quoi faire pour compenser auprès de ma fille.

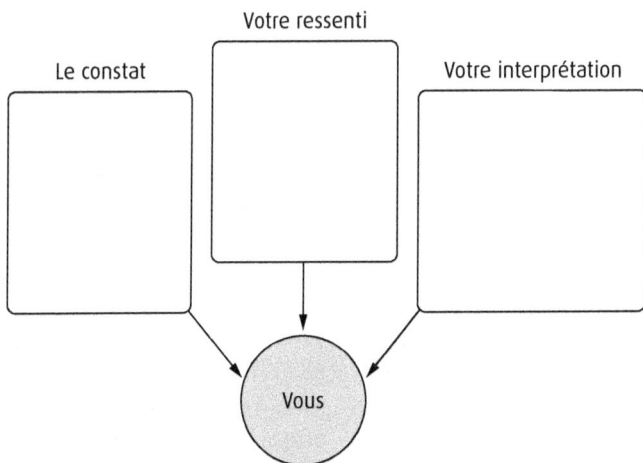

Votre ressenti

Le constat   Votre interprétation

Vous

2ᵉ schéma

Vous allez maintenant remplir un nouveau schéma à propos du même événement. Vous remarquerez que les flèches, au lieu de venir s'abattre sur vous, vont cette fois diffuser à partir de vous des pensées exemptes de culpabilité.

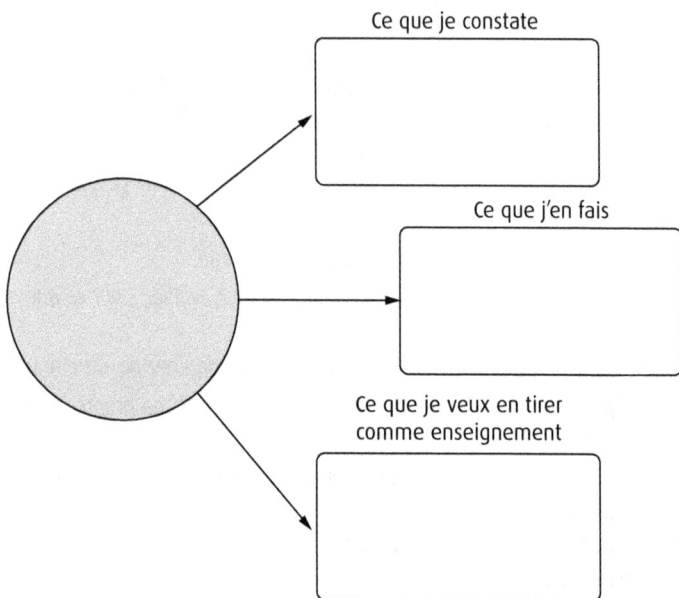

Ce que je constate

Ce que j'en fais

Ce que je veux en tirer
comme enseignement

Le grand rond, c'est l'endroit à partir duquel vous observez désormais les événements sans culpabilité.

Sous « Ce que je constate », notez des éléments, des faits qui vous libèrent d'un sentiment de culpabilité.

Ma fille aura toujours un caractère de bouledogue, ce n'est pas la première fois qu'elle me lance une sortie théâtrale de ce type.

Sous « Ce que j'en fais », notez votre ressenti à l'aune de votre manière d'avoir accueilli l'algarade.

Je sais très bien que ses mots dépassent sa pensée. Les faits montrent, à l'évidence, que j'ai toujours répondu présente depuis sa plus tendre enfance et même en travaillant comme une folle dix heures par jour !

Sous « L'enseignement », notez ce que vous décidez de retenir de l'épisode pour aider tout le monde au lieu de bloquer encore plus la situation.

Je vais attendre qu'elle se calme et nous reparlerons de tout cela tranquillement plus tard.

Commentaire

Avez-vous constaté la différence entre les deux schémas ? Nous avons tendance à opter pour le premier, qui mène à l'autoflagellation. Celle-ci ne change pourtant rien à la situation et peut même contribuer à la dégrader. Dans le second schéma, au contraire, nous sommes portés à trouver une solution. Vous pouvez l'utiliser à chaque fois que vous ressentez de la culpabilité.

Concluons cet exercice par la question suivante, très provocatrice j'en conviens : quel avantage avez-vous à vous draper dans votre culpabilité ? L'inaction ? L'amertume ? La souffrance ? La honte... N'est-ce pas dommage ?

Exercice n° 31 • Profitez de vos échecs !

Pour faire court, disons qu'il y a deux grandes catégories d'échecs : ceux qui nous abattent au point de nous faire renoncer à toute ambition nouvelle ou revisitée, et ceux dont nous réussissons à tirer des enseignements fructueux. Vous l'aurez deviné, on apprend davantage des derniers que des premiers. Et si vous analysiez vos échecs ?

Suivez les consignes ci-dessous en étant le plus sincère possible.

1. Pour chacune des affirmations du tableau, cochez la case qui vous correspond.

Après un échec, vous pensez généralement...	Tout à fait d'accord	D'accord	Pas du tout d'accord
J'aurais dû être plus vigilant.			
Je ferai mieux la prochaine fois.			

Après un échec, vous pensez généralement...	Tout à fait d'accord	D'accord	Pas du tout d'accord
Qui ne tente rien n'a rien.			
Alors ça, plus jamais !			
Pour moi, ce n'est pas un échec, c'est une bonne leçon.			
C'est normal, je n'étais pas en forme.			
C'est le stress.			
J'aurais dû m'y prendre autrement.			
Je vais recommencer jusqu'à réussir.			
Je me suis surestimé.			
J'ai toute la vie devant moi pour recommencer.			
De toute façon, j'y arriverai.			

2. Maintenant, repensez à un échec en particulier et notez-le ci-dessous.

Je n'ai pas eu mon bac.

- -

Quel avantage avez-vous eu à échouer ? Prenez le temps de réfléchir à votre réponse.

En échouant à mon bac, je n'ai pas dépassé mon père et c'est tant mieux, car je me l'interdis.

- -

- -

Qu'est-ce que cet échec révèle de vous ?

Cet échec met en lumière une forme de loyauté non dite.

_____

_____

À la lumière des deux réponses qui précèdent, que pouvez-vous faire ?

Je vais en parler avec mon père, me mettre en paix avec l'idée d'avoir un diplôme et passer ce bac, même à 32 ans !

_____

_____

Commentaire

Nous avons souvent tendance à faire d'un échec un problème qui, à son tour, va nous forger des croyances limitantes (à ce sujet, voir l'exercice n° 35).

Malgré son caractère provocateur, la phrase qui suit est importante à retenir : échouer permet... de ne pas prendre le risque de faire face au succès ! Étonnamment, nombre de gens ont du mal à vivre en pleine lumière grâce à leur réussite personnelle. Si c'est votre cas, en prendre conscience vous permettra de vous autoriser à passer outre.

Exercice n° 32 • Jetez-vous dans le grand bain !

Vous êtes tiraillé entre l'envie et la peur ? Dans votre tête résonne l'alternative : « J'y vais, j'y vais pas ? » Nous connaissons tous ces moments d'hésitation, dont nous sortons parfois avec des regrets... ou des remords !

🎵 *Pensez à quelque chose qui vous ferait envie et remplissez le schéma ci-dessous.*

Notez :

– votre envie ;

– les éléments qui vous effraient ou qui vous bloquent ;

– les ressources sur lesquelles vous pouvez compter, aussi bien matérielles qu'immatérielles (vos amis, vos compétences, vos qualités...).

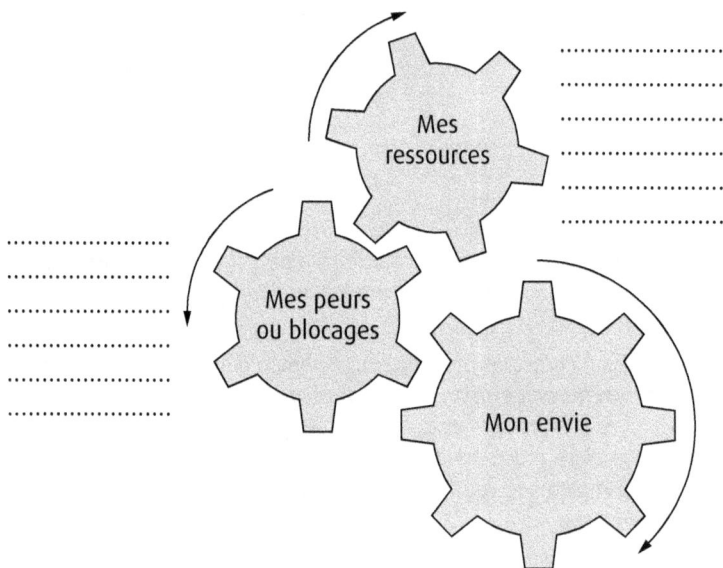

Commentaire

Face à cette envie, vous avez identifié vos peurs et vos blocages (réels ou supposés, car vous n'en avez pas vérifié la pertinence), mais aussi vos ressources, qui vont bien sûr peser dans la balance. C'est l'engrenage de toutes ces données qui va vous permettre de prendre une décision en toute connaissance de cause. Si vous allez de l'avant, vous saurez sur quoi vous pouvez compter, et si vous renoncez, vous ne serez pas malheureux, car votre recul reposera sur une analyse sincère de la situation.

Exercice n 33 • L'écologie commence par soi-même

On parle beaucoup d'écologie, mais nous polluons volontairement notre quotidien d'actions nocives pour notre équilibre intérieur.

En pensant à votre vie quotidienne, remplissez le tableau ci-dessous et répondez à la question qui suit.

Éléments nocifs (qui me fatiguent, qui provoquent un inconfort, qui créent en moi une tension, voire du stress...)
L'agitation, retenir des choses par cœur, me sentir seul, les grandes fêtes, voyager, rencontrer de nouvelles personnes...

Que pouvez-vous faire pour éliminer certains éléments nocifs ou diminuer leur impact ?

_____

_____

Commentaire

Vous êtes « écologique » avec vous-même quand vous vous tenez le plus possible aux éléments qui vous font du bien (voir exercice n° 15). Bien sûr, vous ne pouvez éviter toutes les situations nocives, mais les premières doivent compenser les secondes. Lorsqu'une nouvelle opportunité se présente à vous, demandez-vous si cette offre est « écologique » avant de l'accepter.

De la même façon, quand vous sentez une sorte de blocage face à un événement ou à une situation, c'est que votre propre système interne marque une résistance. Soyez attentif à cet indice, car il sert de révélateur. Faire la sourde oreille pourrait entraîner des conséquences déplaisantes à assumer...

Exercice n°34 • Un bon coup de talon

Il arrive que le sort s'acharne contre nous ou, tout au moins, que nous en ayons l'impression. Pourtant, il suffit le plus souvent d'un bon coup de talon, comme au fond d'une piscine quand on veut rapidement remonter à la surface, pour que le tonus revienne rapidement...

Lisez l'histoire suivante et répondez à la question posée.

L'âne d'un fermier tomba un jour dans un puits. L'animal gémissait pitoyablement depuis des heures sans que le fermier sache vraiment quoi faire. Après réflexion, ce dernier se dit que son âne était déjà très vieux et que le puits devait être bouché. Les conditions étaient donc réunies pour en finir, avec l'un comme avec l'autre. Le fermier invita ses voisins à venir l'aider. Tous se saisirent d'une pelle et commencèrent à combler le puits. Au début, l'âne réalisa ce qui se produisait et se mit à crier terriblement. Au bout de quelques secondes, à la stupéfaction de chacun, il se tut. Quelques pelletées plus tard, le fermier regarda au fond du puits et fut très étonné de ce qu'il vit. À chaque pelletée de terre qui tombait sur lui, l'âne faisait quelque chose de stupéfiant. Il se secouait pour enlever la terre de son dos et montait dessus. Bientôt, à la grande surprise de chacun, l'animal sortit hors du puits et se mit à trotter !

Quelle est l'hypothèse la plus proche de votre sentiment à la fin de cette lecture ?

☐ Voilà une péripétie qui pourrait bien arriver dans un épisode de *Shrek* !

☐ Ce fermier devrait être dénoncé aux protecteurs des animaux.

☐ Cette histoire est une belle métaphore : on peut toujours s'en sortir.

☐ J'espère bien que l'âne aura botté les fesses de ce maudit fermier et de ses amis.

☐ Voilà la preuve que les ânes sont loin d'être aussi bêtes qu'on le dit !

Commentaire

Ce conte montre que la vie peut parfois essayer de nous engloutir de bien des manières : gens malveillants, contrariétés professionnelles, agacements répétés… L'astuce pour se sortir du trou est de se secouer pour avancer. Considérez vos ennuis comme une poignée de terre qui vous permet de progresser.

4

●

S'entraîner au quotidien

Triste vérité : prendre la vie du bon côté n'est pas donné à tout le monde.

Heureuse nouvelle : cette capacité s'acquiert à n'importe quel âge ! Il suffit de s'entraîner.

C'est le but de cette dernière série d'exercices, qui va contribuer à cultiver votre estime de soi, et à lutter contre les appréhensions et croyances négatives qui vous gâchent la vie au quotidien.

Exercice n. 35 • Haro sur vos croyances négatives !

Rien de pire que les commentaires du genre : « Tu as vraiment mauvais caractère » ou les généralisations du type : « J'ai toujours été nul. » Il vous appartient de changer de lunettes pour modifier la vision néfaste que vous avez de vous-même, celle qui vous plombe le moral ou qui vous freine dans vos envies.

Repensez à une situation qui a suscité ou qui suscite en vous des pensées négatives à votre égard et répondez aux questions ci-dessous.

1. Que s'est-il passé ?

Un poste que je convoite s'ouvre en interne.

_____

_____

_____

2. Quelle pensée négative cet événement provoque-t-il en vous ?

À quoi bon présenter ma candidature pour ce poste, les dés sont sûrement pipés...

_____

_____

_____

3. Quelle pensée positive pourrait remplacer la précédente ?

Au pire, ils me disent non et au mieux, ça marche.

----

4. À quelle croyance êtes-vous prêt à renoncer ?

Ne pas partir battu d'avance !

Commentaire

Nos croyances négatives agissent comme des filtres. Elles influencent la manière dont nous menons notre vie et nous incitent également à élaborer des raisonnements pour les confirmer : « Tu vois, je te l'avais dit, j'attire les ennuis ! »

Ces croyances limitantes trouvent souvent leur origine dans notre éducation ou nos expériences malheureuses. Par exemple, après avoir échoué à un examen, nous en déduisons que nous sommes mauvais, pas doués, et ce, ad vitam aeternam.

À nous de regarder les choses autrement, de garder les convictions qui nous aident à aller bien et de jeter aux oubliettes tout ce qui contribue à nous limiter. Quant aux jugements que d'autres personnes ont portés sur nous, ils n'engagent qu'elles !

Exercice n 36 • De plus en plus confiant

Vous avez peu confiance en vous et vous vous sentez souvent incapable ? Vous avez l'impression que vos collègues, vos amis se débrouillent bien mieux que vous en toutes circonstances ? Voici un exercice pour remédier à cela.

Pour restaurer votre confiance en vous, suivez les consignes ci-dessous.

1. Notez une situation qui se présente à vous et à laquelle vous redoutez de devoir faire face.

Il faut que j'insiste auprès de mon propriétaire pour qu'il fasse réparer le chauffe-eau, cela ne peut plus durer !

_ _

_ _

_ _

2. Qu'appréhendez-vous exactement ?

Il va me dire qu'il n'est pas disponible, et, comme un idiot, je lui dirai que je comprends et je m'excuserai.

_ _

_ _

_ _

_ _

3. Écrivez maintenant ce qu'une autre personne que vous, plus sûre d'elle, ferait probablement en pareilles circonstances.

Elle se renseignerait sur Internet, vérifierait les informations obtenues avec un ami avocat et dirait à son propriétaire que, selon la loi, il est dans l'obligation de réparer ce chauffe-eau dans les plus brefs délais.

_____

_____

_____

_____

4. Passez à l'action en utilisant la « stratégie » élaborée à la question précédente, puis revenez répondre aux questions ci-dessous.

5. Avez-vous mis en application ce que vous aviez prévu ? Si la scène ne s'est pas déroulée comme vous l'aviez imaginée, avez-vous réussi à faire passer votre message ?

_____

_____

_____

Commentaire

L'estime de soi est un jugement de valeur sur soi-même. La confiance en soi définit plutôt le fait de croire avoir la capacité de faire face à la vie en diverses circonstances, qu'elles soient personnelles ou professionnelles. Les deux sont liées : il faut avoir un jugement positif sur soi pour se faire confiance.

Faites cet exercice à chaque fois que l'occasion se présente et consignez votre expérience dans le petit carnet choisi à l'exercice n° 2. En notant les occasions au cours desquelles vous êtes parvenu à dépasser votre peur, vous accumulez des preuves concrètes que vous êtes capable !

Exercice n°37 • Objectif : la technique des 3P

En évoquant le sens de notre vie (exercice **n° 8** notamment) et son importance pour nous sentir en prise avec nos faits et gestes, nous avons touché du doigt la notion d'objectif. Les objectifs font partie de nous, puisque nous sommes tous des êtres humains poussés en avant par une multitude d'intentions, certaines plus ambitieuses que d'autres.

Apprenez à définir correctement un objectif en suivant les consignes ci-dessous.

1. Définissez un de vos objectifs personnels.

_____

_____

_____

2. Définissez maintenant un objectif professionnel.

_____

_____

_____

Pour être efficace, un objectif doit répondre aux trois caractéristiques suivantes :
– être **P**récis : indiquez un délai, un poste, un montant, un endroit... ;

– être **P**ossible : tenez compte de vos compétences, de votre situation personnelle et financière ;

– être formulé de manière **P**ositive : notre cerveau ne peut se projeter dans une formulation *négative*. *Affirmer, par exemple, que l'on ne veut plus être en retard ne lui indique rien de concret. En revanche, poser que l'on veut désormais arriver à l'heure à ses rendez-vous est recevable.*

3. Au regard de ce qui précède, redéfinissez vos objectifs :

Objectif personnel : _

_ _

_ _

Objectif personnel : _

_ _

_ _

Commentaire

Souvent, les ennuis arrivent ou s'installent parce que nous ne savons pas ou mal définir nos objectifs. Définir correctement un objectif permet de mettre en œuvre une action quelle qu'elle soit – de manière plus cohérente –, et de diminuer les tensions résultant de l'écart entre la réalité, nos aspirations et les moyens à satisfaire. Utilisez la technique des 3P pour préciser chaque nouvel objectif visé.

Exercice n°38 • Valorisez vos compétences !

Nos compétences représentent l'ingrédient fondamental de tout projet, qu'il soit personnel ou professionnel. Nous venons de voir comment définir un objectif, et pour cela, impossible de faire l'impasse sur la valorisation des compétences ! Nous devons d'autant plus en prendre soin qu'elles contribuent à étayer et à restaurer notre estime de soi parfois mise à mal, source de pessimisme garantie.

Pour prendre un nouveau départ, faites le tour de vos compétences en répondant aux questions suivantes.

1. Quelles sont les compétences que l'on vous reconnaît ? Pour chacune, autoévaluez-vous (sur une échelle de 0, pas du tout d'accord, à 5, tout à fait d'accord).

On dit de moi que j'ai un bon niveau d'espagnol (autoévaluation : 3), que je suis une bonne négociatrice (autoévaluation : 5).

_ _

_ _

_ _

_ _

2. Réfléchissez maintenant à un projet que vous avez en tête. Quel est ce projet ?

Ouvrir un salon d'esthétique.

_ _

_ _

3. Quelle est la compétence indispensable à la réalisation de ce projet ?

Le management.

----

4. Sur une échelle de 0 à 10, à quel niveau pensez-vous disposer déjà de cette compétence ? ----------------------------------

Dans six mois, à quel niveau pensez-vous être parvenu par rapport à cette compétence ? ----------------------------------

Dans un an, à quel niveau pensez-vous être parvenu par rapport à cette compétence ? ----------------------------------

Commentaire

Dans un large spectre allant du « savoir être » au savoir-faire, les compétences sont aussi bien humaines (nos relations avec les autres et notre rapport à nous-mêmes) que techniques (savoir-faire, maîtrise de processus, de méthodes…) ou intellectuelles (capacité d'analyse, de compréhension conceptuelle…). Quelles qu'elles soient, elles permettent de faire émerger des potentiels nouveaux.

Les connaissances s'acquièrent et ne cessent de devoir être remises à jour. Cependant, elles ne suffisent pas. Pour passer de la connaissance à la compétence, il faut souvent ce petit quelque chose indéfinissable qui fait la différence entre deux personnes. Nous le qualifierons par deux mots : talent et motivation. Ainsi se constitue le terrain propice à la valorisation de compétences qui, à elles seules, sans environnement pour les entretenir et les déployer, cesseraient bien vite de mériter leur nom.

Exercice n°39 • Du potentiel !

Nous disposons tous de ressources insoupçonnées et nous l'oublions trop souvent. Pourtant, en avoir conscience permet de reprendre des forces et d'élargir son champ de pensée et d'action quand on se croit dans l'impasse.

> Prenez le temps de réfléchir quelques instants à chaque phrase proposée ci-dessous puis remplissez le tableau en tenant compte de la légende proposée.

☺ Cette citation me correspond vraiment.

☺ Cette citation me laisse perplexe.

☹ Cette citation m'énerve franchement !

	☺	☺	☹
« Le but de l'existence n'est pas d'être béatement heureux, mais de réaliser son plein potentiel. » (Mihaly Csikszentmihalyi)			
« Les pessimistes ne réalisent pas leur potentiel, alors que les optimistes le dépassent. » (Martin Seligman)			
« Quand le travail concret n'apporte pas de sentiment d'accomplissement, le coupable est la personne et non la profession. » (Viktor Frankl)			
« C'est par nos choix que nous nous définissons. » (Douglas Kennedy)			
« Sans but ultime, sans vocation, sans idéal, nous ne pouvons réaliser pleinement notre potentiel de félicité. » (Tal Ben-Shahar)			
« Ce n'est pas parce que je réussis que je suis content, mais parce que je suis content que je réussis. » (Alain)			
« Si nous n'avons pas peur de nos voix à l'intérieur, nous ne craindrons rien des critiques extérieures. » (Natalie Goldberg)			
« Cependant, c'est dans l'oisiveté, dans nos rêves que la vérité submergée fait parfois surface. » (Virginia Woolf)			

	☺	😐	☹
« Un pessimiste voit la difficulté dans chaque opportunité, un optimiste voit l'opportunité dans chaque difficulté. » (Winston Churchill)			
« N'arrêtez pas d'apprendre et vous penserez avec plus de clarté, vous vous sentirez mieux et vous finirez par vivre plus longtemps. » (Ernie J. Zelinski)			

Commentaire

Le potentiel d'un individu est le résultat d'un caractère et d'une histoire. Pour libérer son potentiel, on peut choisir de rencontrer de nouvelles personnes, de passer du temps à de nouveaux apprentissages mentaux ou comportementaux, ou tout simplement, de s'accorder la permission de donner libre cours à un talent que l'on n'ose pas révéler. C'est en cela que, comme l'écrit Douglas Kennedy, « c'est par nos choix que nous nous définissons ». On peut aussi donner libre cours à ses rêves et, au lieu de penser « non, ce n'est pas possible », se dire qu'il y a sans doute dans ce rêve un potentiel, une part de quelque chose de réalisable.

Quand on sent que la situation présente n'est plus tenable ou qu'un changement est inévitable sans pour autant être voulu, s'attarder sur ses potentiels aide à envisager l'avenir. Voilà toute la différence entre une personne qui décide résolument de prendre la vie du bon côté et celle qui va se morfondre. Quand la première « voit une opportunité dans chaque difficulté » ou identifie dedans un potentiel de changement, de réalisation, de solution, la seconde s'enfonce plus facilement dans la désespérance sans rien voir de positif dans l'obstacle rencontré.

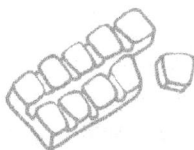

Exercice n° 40 • En d'autres termes

Dans notre vocabulaire de tous les jours, des mots *a priori* sans importance peuvent jouer un rôle déterminant... Apprenez à distinguer les mots qui freinent des mots qui encouragent, et adoptez ces derniers sans retenue ! Positiver dans votre langage favorisera vos rapports avec les autres et vous incitera à positiver tout court.

Voici une liste de mots. À vous de les classer dans la catégorie de ceux qui « freinent » (👎) ou de ceux qui « encouragent » (👍).

	👎	👍		👎	👍
Pourquoi			Essayer		
Résultat			Conjuguer		
Distinguer			Soit... soit...		
Confronter			À la fois		
Solution			Problème		
Relier			Opportunités		
Et			Discuter		
Échec			Pour que		
Avec			Passerelles		
Contre					
Explication					

Commentaire

Voici la liste des mots moteurs : « résultat », « confronter », « solution », « relier », « et », « avec », « conjuguer », « opportunité », « pour que ». Ceux qui ne le sont pas peuvent être remplacés par d'autres termes ou expressions. Par exemple, préférez le mot « faire » à « essayer ». « Faire » ancre davantage dans l'intention de réussir l'action planifiée qu'« essayer », qui ouvre la porte à l'idée de

*ne pas concrétiser son intention. De la même façon, « dialoguer »
laisse entendre un échange, une qualité d'écoute moins présente
dans « discuter », plus polémique…*

Exercice n°41 • Évitez les généralisations !

Nous connaissons tous les discussions dites « de café du
commerce », ces successions de phrases qui servent plus à
parler pour ne rien dire qu'à avancer de grandes idées desti-
nées à faire changer le monde !

Prêtez-vous au jeu des anaphores…

1. Voici une série de mots ou d'expressions. Pour chacun, écrivez à la suite :

– une phrase qui concerne votre vie privée ;
– une phrase qui concerne votre vie professionnelle ;
– une phrase plus générale, sur la vie.

Par exemple, c'est tout le temps pareil…

C'est tout le temps pareil, avec toi, tu es toujours en retard !
C'est tout le temps pareil, je dois faire les PV des réunions.
*C'est tout le temps pareil, quand il faut chaud, il y a systématiquement une
crise de nerfs à la maison.*

Jamais…

Personnel : _

_ _

Professionnel : _

_ _

Généralité : _____

_____

Tout le monde...

Personnel : _____

_____

Professionnel : _____

_____

Généralité : _____

_____

À chaque fois que...

Personnel : _____

_____

Professionnel : _____

_____

Généralité : _____

_____

Personne...

Personnel : _____

_____

Professionnel : _____

_____

Généralité : _____

_____

Chacun sait que...

Personnel : _____

_____

Professionnel : _____

_____

Généralité : _____

_____

2. Relisez maintenant ce que vous avez écrit. Ces affirmations sont-elles vraies ?

_____

_____

_____

_____

_____

Commentaire

« Tout le temps », « jamais », « tout le monde », « à chaque fois »,
« personne »… sont autant d'expressions qui nous poussent à généra-
liser, et à faire d'un cas une règle universelle. Ce ne serait pas tragique si,
de ce fait, nous n'en arrivions à construire des principes de vie pour nous-
mêmes ou pour les autres qui risquent d'être erronés ou infondés. Par
exemple, dire : « On a toujours eu des ennuis d'argent dans la famille »
n'a pas la même portée que de dire : « Après la période de chômage de
mon père, nous avons connu des moments difficiles et cela n'a pas été
facile d'en sortir. » L'exercice n'est pas que stylistique : s'obliger à être
précis en énonçant un fait ou en désignant une personne permet de se
rendre compte souvent que ce que l'on prend pour une réalité irréduc-
tible n'est en fait qu'un détail ou une phrase dans notre vie qui ne s'est
pas ou peu répété.

Exercice n° 42 • Accueillez votre chance !

Il nous arrive d'entendre la belle histoire d'une réussite et de
penser que la personne qui la vit a bien de la chance. C'est une
manière de nous conforter dans l'idée que nous, en revanche,
ne sommes pas nés sous une bonne étoile.

Construisez votre rayonnement de la chance.

Voici une série de mots qui sont autant d'ingrédients pour augmenter son
facteur chance. À vous de sélectionner ceux qui vous correspondent le
mieux, pour les placer dans le schéma ci-dessous.

♣ Porte-bonheur	♦ Talent	♥ Rencontre	♦ Philosophie
♦ Imagination	♦ Religion	♦ Beauté	♣ Magie
♦ Argent	♥ Famille	♦ Travail	♣ Coïncidence
♦ Savoir	♣ Hasard	♣ Don	♦ Optimisme
♦ Adaptabilité	♣ Pensée magique	♥ Ami	♥ Relation

♣ Gri-gri   ♦ Ambition   ♦ Intuition   ♣ Destin
♦ Expérience ♦ Astuce   ♣ Signe   ♥ Réseau
♥ Amour   ♣ Bonne étoile

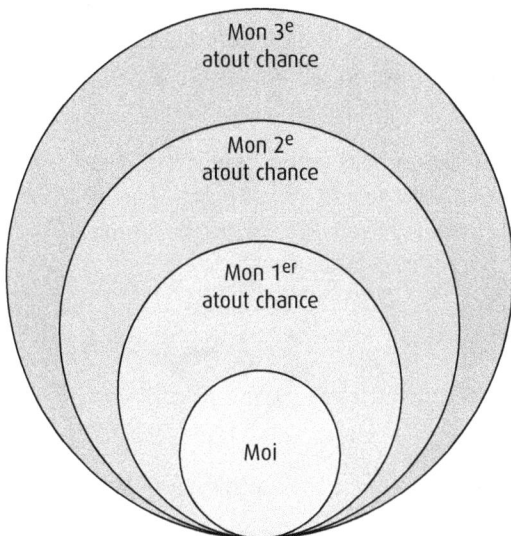

Commentaire

La série de mots ci-dessus montre que l'on peut compter sur soi (♦), sur les autres (♥) ou sur sa bonne étoile (♣). Dans quelle(s) catégorie(s) se trouve(nt) les mots que vous avez choisis ?

S'il existe quelques exemples de ce que l'on pourrait qualifier de « pure chance » (comme jouer une seule fois au loto et remporter le gros lot), la majorité des événements heureux – dont nous nous réjouissons à juste titre – résultent en vérité d'un long travail de préparation. Être au bon endroit au bon moment ne s'improvise pas, il faut que le talent et le destin s'accordent.

Autant nous n'avons pas de prise sur le hasard, autant nous pouvons légitimement assumer une part de responsabilité dans le potentiel talentueux que nous exploitons ou que nous refusons au contraire d'exploiter. Avoir de la chance, c'est avoir la capacité d'identifier les opportunités à saisir. Pour cela, il nous faut accueillir notre intuition et les signes extérieurs qui cherchent à attirer notre attention.

Exercice n.43 • Faites le vide !

Nous avons tendance à vouloir remplir notre vie sans y laisser le moindre vide. Pourquoi cette peur du vide ?

Pendant quelques instants, fermez les yeux et essayez de vous représenter le vide. Cochez ensuite dans le tableau la case « Oui » ou « Non » selon que vous êtes en accord ou pas avec chaque phrase.

	Oui	Non
Faire le vide, c'est s'aérer l'esprit pour mieux réfléchir ensuite.		
Le mot « vide » me renvoie immédiatement à « être vidé, épuisé, lessivé ».		
Le vide me panique, m'évoque la peur du manque (de temps, d'amour, d'argent, de travail...).		
Le vide symbolise l'espace, le grand rangement, le ménage de printemps !		
Le vide, c'est enfin une occasion de ne rien faire.		
Faire le vide, c'est méditer, tranquilliser son esprit, respirer, être à l'écoute de son corps.		
Le vide me fait penser au vertige, à un gouffre, au sens propre comme au sens figuré.		
Se vider la tête, c'est arriver à ne pas s'accrocher à des pensées parasites qui me perturbent toujours au mauvais moment !		

Commentaire

Le vide invite à accueillir du nouveau, à être créatif : nouvelles pensées, nouveaux projets, nouvelles idées. Laissez-lui une place, ne tentez pas de le combler sans cesse par tous les moyens possibles. Ainsi, vous pourrez faire place aux bonnes surprises (si, si, elles surviennent !) ou vous donner le temps de renouer avec vous, vos aspirations, vos envies…

Exercice 44 • Imparfait mais heureux

Ceux qui sont familiers de l'Analyse transactionnelle connaissent certainement le scénario du « Sois parfait ». Pour les autres, vous le mettez probablement en œuvre sans vous référer à cet apport théorique : cela va du parcours scolaire irréprochable à l'apparence toujours tirée à quatre épingles, en passant par un intérieur digne des plus grands magazines de décoration et des amours à faire pâlir des noces de diamant ! Attention, cette quête de la perfection peut vous gâcher la vie !

Pour arrêter de vouloir être parfait, suivez les consignes ci-dessous.

1. Parmi celles proposées ci-dessous, choisissez cinq résolutions que vous vous sentez en mesure de tenir au cours des deux prochaines semaines. Recopiez-les dans votre petit carnet et relisez-les régulièrement pour les garder en mémoire.

J'admets qu'à l'impossible nul n'est tenu. Il faut rester bon avec soi.

Je me convaincs que l'on peut m'aimer même si je suis imparfait… et surtout d'ailleurs si je le suis !

Je pose des limites à mes exigences vis-à-vis de moi-même.

Je n'accepte plus que l'on attende tout de moi, et je le fais savoir.

Je clame haut et fort à qui veut l'entendre que la perfection est une illusion.

Je ne grignote pas entre les repas.

Au lieu de m'énerver pour un oui pour un non, je respire profondément, je prends du recul et je décide de ce qu'il faut faire.

J'essaie de diminuer mon niveau d'anxiété pour moins rechercher la perfection.

Je trouve le juste milieu entre le laisser-aller et l'obsession du zéro défaut.

Je me fiche du jugement des autres, seul compte celui de quelques-uns.

J'arrête de courir après le partenaire idéal pour ne pas mourir célibataire !

2. Après avoir laissé passer quinze jours, faites le point : avez-vous réussi à tenir ces résolutions ? Si oui, quels impacts ont-elles eus sur votre vie ? Si non, que pourriez-vous faire pour y parvenir ?

_____

_____

_____

_____

_____

_____

Commentaire

La perfection est difficile à atteindre, d'aucuns diront d'ailleurs qu'« elle n'est pas de ce monde ». Tendre vers cet idéal est certes louable, mais il ne faut pas que cela vous paralyse par peur d'être (mal) jugé, que cela vous rende malade ou que cela vous prive de bons moments.

Poussée à l'extrême, la quête de la perfection peut même relever des TOC (troubles obsessionnels compulsifs). L'idéal est de trouver le juste milieu entre négligence et quête irrésolue de perfection. Croire que l'on est parfait est un piège que l'on se tend. Un adulte doit être capable d'aimer en lui autant sa part d'imperfection que ses quali- tés évidentes.

Exercice n°45 • Jouez de l'éventail

Au XIXe siècle, le langage de l'éventail était très crypté. S'il était complètement ouvert par exemple, la belle qui le tenait « songeait » aux avances pressenties ; si elle effleurait ses lèvres avec l'objet en question, cela signifiait : « Puis-je vous parler en tête à tête ? »...

À partir de la panoplie suivante, créez votre éventail d'harmonie personnelle.

1. Parmi les atouts ci-dessous, choisissez-en deux que vous pouvez utiliser pour prendre la vie du bon côté.

☐ Ma facilité à communiquer   ☐ Ma créativité

☐ Mon intelligence émotionnelle   ☐ Ma force de caractère

☐ Mon goût pour le travail en équipe   ☐ Ma fiabilité

☐ Mon talent à désamorcer les tensions   ☐ Mon expérience

☐ Mon humour très « second degré »   ☐ Mon insouciance

☐ Mon optimisme légendaire

2. Choisissez ensuite deux activités parmi celles proposées ci-dessous qui pourraient vous convenir pour prendre soin de votre for intérieur s'il est fragilisé :

☐ La sophrologie ☐ Le yoga ☐ La méditation

☐ Le hammam ou le sauna ☐ Le taï chi ☐ La réflexologie

☐ Le qi gon ☐ Les massages ☐ L'écriture

☐ Aller au concert ☐ Visiter des expositions

☐ Prendre des cours pour le plaisir

☐ Autre : _____

3. Maintenant, inscrivez vos quatre choix dans l'éventail ci-dessous et agitez-le dès que vous en ressentez le besoin.

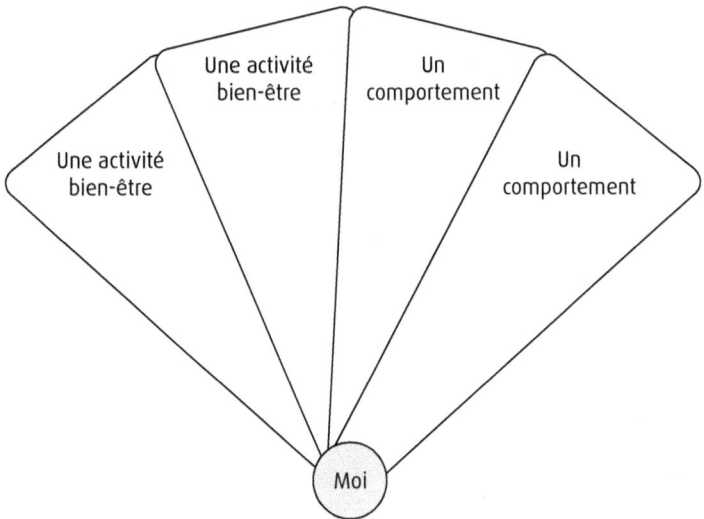

Une activité
bien-être

Un
comportement

Une activité
bien-être

Un
comportement

Moi

Commentaire

Créer ou restaurer son harmonie personnelle peut s'avérer finalement plus simple qu'il n'y paraît. Il suffit parfois de rester en contact avec quelques fondements de sa personnalité et d'écouter son corps.

Ce travail implique souvent des changements, pas radicaux, mais durables, qui apportent du sens à votre vie.

Exercice n°46 • Pensez à votre santé

La France détient le triste record européen d'utilisation des psychotropes. Il semblerait que nous en consommions trois fois plus que nos voisins allemands, anglais, italiens ou espagnols. Certes, dans certains cas, ces mesures s'imposent, mais peut-être pas si souvent...

Établissez votre ordonnance personnalisée en entourant parmi la liste suivante autant de choix que vous voulez.

En cas de mal-être passager :

❑ je prends un bon bouquin.

❍ je fais des câlins !

✲ je me récite un poème que j'aime à voix haute.

❑ je vais voir un film.

✦ je me paye un bon repas au restaurant.

✲ je prends mon instrument de musique et je joue.

❀ je m'asperge de mon parfum préféré.

❑ je ferme les yeux et je repense à un bon moment que j'ai vécu.

❍ je ressors ce vieux vêtement dans lequel je me sens si bien.

❀ je vais me promener au petit matin quand la nature exhale ses parfums.

✦ je fais une bonne purée maison.

❍ je m'imagine dans la peau de ma star préférée.

❀ je me branche à mon MP3 non-stop.

❀ je branche mon diffuseur d'huiles essentielles.

✦ je plonge dans la pâte à tartiner de mes enfants !

Analyse des réponses

Cet exercice est basé sur la sollicitation des cinq sens.

Comptez le nombre de symboles de chaque sorte. Quel est celui qui prédomine ? Les ❑ correspondent à la vue, les ❍ au toucher, les ✠ à l'ouïe, les ✳ à l'odorat et enfin les ✦ au goût. Vous savez maintenant vers quoi vous tourner en premier lieu pour soulager une chute de moral, une tension, un malaise…

Exercice n° 47 • Un beau sourire

Au terme de notre voyage au pays du sourire, jouez le jeu en faisant cet exercice même si vous ne vous estimez pas très doué en dessin. Quinze muscles sont mobilisés pour un sourire. Cela va peut-être vous inspirer des coups de crayon ? !

« Dessine-moi un mouton », écrivait Saint-Exupéry.
Sur le même principe, dessinez un sourire.

Pour guider celles et ceux que les mots inspirent, voici quelques citations :

« Rides, des souvenirs gravés » (Jules Renard, *Journal*).

« L'enfant reconnaît sa mère à son sourire » (Virgile).

« Plus le visage est sérieux, plus le sourire est beau » (Châteaubriand, *Les Mémoires d'outre-tombe*).

« Un sourire sincère touche en nous quelque chose d'essentiel : notre sensibilité innée à la bonté » (Le Dalaï-Lama, *Sagesse ancienne et monde moderne*).

« Sourire trois fois par jour rend inutile tout médicament » (proverbe chinois).

Commentaire

Partout dans le monde, le sourire a la même signification. Dans le magazine Psychologies *en 2005, un article recensait six catégories de sourire : gêné, audacieux, séducteur, défensif, complice et poli. Dans laquelle classeriez-vous celui que vous venez de dessiner ?*

Exercice n°48 • Pétillez !

Ah, le champagne, boisson de fête, de célébration, vin d'exception, bulles de légèreté qui pétillent dans une flûte gracieuse ! Vous aussi vous pouvez pétiller, c'est-à-dire briller par votre regard, votre esprit, votre énergie...

Créez votre propre assemblage de bulles, de pétillement, de célébration de vous-même... parce que vous êtes formidable !

1. Choisissez votre bulle de futilité.

Être superficiel... parfois ! ; la coquetterie... toujours ! ; être midinette...

_____

_____

2. Choisissez votre bulle de désinvolture.

Humour, prise de recul, dépenser sans réfléchir et... réfléchir après !

_____

_____

3. Choisissez votre bulle de rêve.

Mon idéal, mon imaginaire, oser !

_____

_____

Commentaire

En créant votre propre cocktail de bonne humeur, vous pourrez prendre la vie du bon côté le plus souvent possible. Il suffit de vous appuyer sur les atouts dont vous disposez. En cas de tension, secouez bien fort et dégustez ! Un soupçon de futilité, un brin de désinvolture et deux doigts de rêve... toutes ces attitudes donnent goût à la vie.

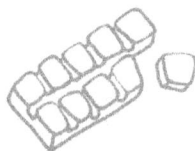

Exercice n°49 • Adoptez de nouveaux réflexes !

Vous arrivez au bout de vos séances d'entraînement pour donner du tonus à votre moral. Ce qui, au début, a pu vous paraître contre-nature va de plus en plus s'intégrer dans votre manière de vivre si vous tenez bon...

Imaginez-vous face aux situations suivantes et choisissez la réaction que vous auriez, désormais...

1. Vous partez en vacances avec une valise et votre sac. L'escalier roulant de la gare est en panne.

a) Comme toujours !

b) Bon, eh bien, je vais vérifier ma tonicité cardiaque !

c) Je vais faire une bonne action et aider aussi cette vieille dame une fois que j'aurai déposé mes affaires en haut.

2. À la boulangerie, le client juste devant vous vient de prendre le dernier gâteau « Opéra » que vous veniez acheter.

a) Je vais essayer le « Farandole ».

b) Si seulement cet imbécile de collègue ne m'avait pas retenu au bureau indûment...

c) C'est un signe : régime !

3. Vous deviez absolument rappeler aujourd'hui Trucmuche pour le dossier de Saint-Creux-les-Monts et vous avez oublié.

a) Oups ! Après tout, cela arrive à tout le monde d'oublier.

b) Je viens de perdre mon job !

c) Je vais en profiter pour ajouter des éléments au dossier et je l'appellerai demain.

4. Votre ado chéri a transformé la salle de bains en piscine municipale.

a) Un petit coup de serpillière et il n'y paraîtra plus.

b) Ce soir, il va voir ce qu'il va voir.

c) Tiens, si j'allais me faire un hammam ?

5. Votre conjoint vous dit ce soir qu'il adore votre « petit ventre rebondi ».

a) Parfait ! Je me remets tout de suite aux profiteroles.

b) Il a décidément l'art de tourner les compliments...

c) Et moi, est-ce que je lui parle de ses bourrelets ?

6. Le dossier du mois de votre magazine préféré s'intitule : « Bougez ! »

a) Plus on va me dire de faire du sport, moins je m'y mettrai.

b) Je connais des manières bien plus plaisantes de bouger...

c) Après tout, une petite heure par-ci, par-là ne pourrait pas me faire de mal.

7. Vous croisez par hasard une amie de jeunesse dans la rue, et vous décidez de vous revoir.

a) Qu'est-ce qu'elle a vieilli ! On lui donnerait dix ans de plus que moi, je ne l'aurais pas reconnue.

b) Je suis contente qu'elle ait envie de retrouvailles !

c) Quel parcours elle a eu ! Et moi, de quoi j'ai l'air ?

8. Vous êtes à l'aéroport avec un collègue et votre avion est annoncé avec un gros retard. Vous lui dites :

a) « Désolé, je te l'avais dit, je porte la poisse... »

b) « Allons prendre un verre tranquillement ! »

c) « Où est la prise électrique la plus proche pour que l'on travaille en attendant ? »

9. Votre petit dernier dessine à côté de vous sur la table de la salle à manger. D'un geste ample, il renverse votre café...

a) Il a sans doute un souci de développement moteur ou de vision, je dois prendre rendez-vous chez le pédiatre.

b) Vite, une photo. Dans quelques années, cela nous fera un bon souvenir.

c) Après tout, c'est comme ça que l'art naît. Ce petit est créatif.

Analyse des réponses

Reportez vos réponses dans le tableau ci-dessous et comptez le nombre de points obtenus pour chaque symbole.

	1	2	3	4	5	6	7	8	9
a	○	♥	♣	♣	♥	○	○	○	○
b	♥	○	○	○	♣	♥	♥	♥	♣
c	♣	♣	♥	♥	○	♣	♣	♣	♥

Si vous avez une majorité de ♥, *vous avez bien assimilé la lecture de ce livre et parvenez à mettre en pratique ce que vous avez retenu. Vous savez « faire contre mauvaise fortune, bon cœur ».*

Si vous avez une majorité de ♣, *vous hésitez encore parfois entre une attitude un peu « soupe à la grimace » et un sourire salvateur, mais, globalement, vous réussissez à prendre la vie du bon côté face aux petits agacements du quotidien.*

Si vous avez une majorité de ○, *vous avez encore à travailler sur vous pour changer votre représentation sinon de la vie avec un grand V, du moins de ses petits aléas. Oubliez pour l'instant les grands tourments. Commencez par adopter de nouveaux réflexes à partir des petites contrariétés finalement sans conséquences gravissimes, et quand vous aurez fait grimper votre indice « sourire », vous pourrez vous entraîner sur les autres moments clés qui jalonnent la vie.*

Avez-vous identifié des changements par rapport à ce que vous auriez répondu avant la lecture de cet ouvrage (ne pas se laisser abattre par les contrariétés du quotidien, ne pas chercher à les combattre vainement, prendre les petits soucis avec philosophie, détachement...) ? Prenant moi-même la vie du bon côté, j'ose espérer que « oui » ! Nous ne pouvons éviter les ennuis et petits désagréments qui nous arrivent. C'est seulement la relation que nous entretenons avec ces contrariétés qui influe sur notre manière de considérer la vie : course d'obstacles, jardin des délices ou un subtil mélange des deux ?

Exercice n°50 • Récapitulez !

Attention : il s'agit bien de *récapituler* et non de *capituler* ! *Last, but not least* [1], ce dernier exercice va vous donner l'occasion de faire le tour de ce que vous avez vu au fil des pages.

Suivez les consignes ci-dessous.

Dans votre petit carnet, notez pour chaque partie du livre :

– une idée que vous avez particulièrement retenue ;

– une action que vous vous engagez à mener ou une attitude nouvelle que vous allez adopter.

Commentaire

Prendre la vie du bon côté n'est pas réservé à quelques heureux élus – élus par qui d'abord, et selon quels critères ? Chacun peut élaborer ses recettes et les faire évoluer au fil du temps. Ce tableau de bord aura le mérite de vous rappeler les indicateurs que vous avez retenus pour arriver à bon port, quelle que soit votre destination.

---

1. Le dernier, mais non le moindre.

Conclusion

Directement ou de façon diffuse, nous faisons tous aujourd'hui les frais de la souffrance humaine et des tensions internationales. Oser prendre la vie du bon côté devient, à mon sens, un acte quasiment politique, une manière de s'opposer au catastrophisme et de plaider en faveur de l'espérance. Ne voyez aucune naïveté sous l'encre de ces mots, mais une force bien au contraire, une volonté de s'inscrire en faux contre des discours si insécurisants qu'ils réussiraient à nous paralyser si nous n'y prenions garde.

La peur de l'avenir bloque l'action. Or, l'avenir se construit à partir des éléments du présent, il ne tient donc qu'à nous d'avoir prise sur ces indicateurs pour changer le cours des événements.

Prendre la vie du bon côté est donc un acte courageux, qui s'inscrit à contre-courant par les temps qui courent. C'est courir le risque d'être taxé de simplet, d'autruche qui refuse de voir la situation en face. Et pourtant, prendre la vie du bon côté exige d'accepter la complexité du monde. Un esprit réducteur y consentirait-il ? Jamais.

Mais prendre la vie du bon côté est aussi une vertu contagieuse. Cette philosophie pourrait-elle, semblable à des ronds dans l'eau, diffuser parmi nous et de par le monde des ondes porteuses de nos espoirs et de notre confiance ?

Après tout, comme l'écrivait Jacques Prévert : « Il faudrait essayer d'être heureux, ne serait-ce que pour donner l'exemple. »

Pour continuer de garder le moral !

Voici quelques ouvrages qui devraient vous permettre de poursuivre sur la bonne voie...

Angel, Sylvie, *Mieux vivre ma vie*, Larousse, 2008.

Un ouvrage collectif réunissant une centaine de questions traitées par 70 spécialistes sur la vie quotidienne et la foultitude de situations qui demandent réflexion et conseils pratiques. De la vie de famille à la vie de couple, en passant par la gestion du stress ou les différentes formes d'aide thérapeutiques vers lesquelles il est possible de se tourner, cet ouvrage par ailleurs sympathique dans sa présentation, s'avère très utile au coup par coup.

Ben-Shahar, Tal, *L'apprentissage du bonheur*, Pocket, 2009.
Bien entendu, la plupart des livres que je vous suggère s'intéressent au bonheur. Celui de Tal Ben-Shahar, professeur de philosophie au sein de la prestigieuse université de Harvard, ne fait pas exception. L'histoire est jolie : il était déjà étudiant dans ladite institution, tout allait bien pour lui et malgré tout, il n'était pas heureux. Aussi décida-t-il de se pencher sur la question et de tout mettre en œuvre pour le devenir. Ainsi est né son « cours de bonheur » qu'il enseigne en appliquant « le principe des lasagnes », « la théorie du hamburger » et bien d'autres concepts édifiants !

Csiksentmihalyi, Mihaly, *Vivre, la psychologie du bonheur*, Robert Laffont, 2004.

Comme Martin Seligman que vous trouverez plus bas dans mes recommandations, Csiksentmihalyi est une figure de proue du courant de la psychologie positive. C'est un spécialiste du bonheur dont il a fait un objet de recherche depuis plus de trente ans ! Dans cet ouvrage, il défend l'idée que nous sommes heureux quand nous donnons « le meilleur de nous-mêmes », tout un programme...

Fanget, Frédéric, *Où vas-tu ?*, Les Arènes, 2007.

Le Docteur Fanget est psychiatre et psychothérapeute. Nous nous étions connus au Festival des auteurs psy de Nîmes, là où j'ai découvert cet ouvrage qu'il dédicaçait. Depuis, j'y puise des réponses pratiques à des questions de tous les jours pour donner du sens à sa vie et ne pas passer à côté.

Seligman, Martin, *La Force de l'optimisme*, InterEditions, 2008.

Ce grand ponte de la psychologie positive propose ici un livre assez complet avec des tests également et qui a pour objectif de prendre l'optimisme pour ce qu'il est : une capacité de rebond qui ouvre des perspectives infinies.

Zelinski, Ernie J., *101 choses que vous savez déjà*, Stanké, 2000.

Certes, cet ouvrage a déjà plus de dix ans, mais je ne me lasse pas de retrouver ces petites recettes pleines de bon sens et d'humour. Écrit par un consultant qui donne des conférences dans le monde entier et dont un autre ouvrage a connu aussi un succès colossal : *L'art de ne pas travailler* (Eyrolles, 2006)

Au fil des pages, vous aurez été exhorté à être heureux et à conjuguer le bonheur à tous les temps. Les ouvrages que je viens de vous présenter vont dans le même sens.

Maintenant, accordez-moi le plaisir de vous proposer deux exceptions dont j'aime particulièrement le côté impertinent qui aborde notre sujet à rebrousse poil !

Noguez, Dominique, *Comment rater complètement sa vie en onze leçons*, Rivages, 2003.
Spécialiste en « ratologie », l'auteur insiste : il faut du travail, de la persévérance et de l'entraînement pour réussir dans cette discipline unique en son genre !

Robin, Bertrand, *Réussir à tout rater*, InterEditions, 2009.
Si vous souhaitez ajouter des problèmes à votre vie, lisez-le, vous disposerez de tous les conseils pour... réussir à tout rater !

Et puis, en terminant, deux temps de lecture, comme une sorte de piqûre de rappel sous la forme de la fiction :

Laroze, Catherine, *L'art de ne rien faire*, Aubanel, 2002.
Le sous-titre de ce livre très joliment illustré est : « La reconquête de soi-même ». Effectivement, avec ce livre, vous prendrez des chemins de traverse à votre rythme. Un pied de nez poétique à cette tyrannie de la précipitation et du « faire », propre à notre siècle.

Lelord, François, *Le voyage d'Hector ou la recherche du bonheur*, Odile Jacob, 2004.
L'histoire d'un psychiatre, Hector, déçu de lui car il ne parvient pas à rendre les gens heureux. Aussi va-t-il entreprendre un voyage autour du monde pour, en quelque sorte, tenter de se former au bonheur...